xueer

学而书坊 — 学而时习之 不亦说乎

Using Technology with
Classroom Instruction that Works
(2nd edition)

Howard Pitler, Elizabeth R. Hubbell, Matt Kuhn

技术促进
课堂有效教学
（第二版）

［美］霍华德·皮特勒
［美］伊丽莎白·R.哈贝尔
［美］马特·库恩
著

李艳　姚佳佳　王琳——译

盛群力——校

宁波出版社

浙江大学中央高校基本科研业务费专项资金资助课题"教学设计与课堂学习研究"（DCL001）成果

作者简介

ABOUT THE AUTHORS

霍华德·皮特勒（Howard Pitler），McREL 高级主管。他的主要工作为：给中小学教师和管理人员开展工作坊和培训活动，内容包括研究性教学策略、技术和教学法；为学区开展技术审计；利用 Power Walkthrough 课堂观察软件与学校和学区领导进行工作。他从印第安纳州立大学获得音乐教育专业的学士学位，从威奇塔州立大学获得音乐表演专业的硕士学位和教育管理专业的博士学位。霍华德曾被评为 Apple 杰出教育家、史密森奖得主和国家杰出校长。他在好几本杂志上发表过论文，也是著作《有效课堂教学（第二版）》《有效的课堂教学手册（第二版）》与《技术促进课堂有效教学》的作者之一。

伊丽莎白·R. 哈贝尔（Elizabeth R. Hubbell），McREL 教育技术顾问。她的主要工作为：给中小学教师开展工作坊和培训活动，内容包括研究性教学策略和技术整合；为在线课程编写课程模式；为学区开展技术审计；培训学校和学区领导使用 Power Walkthrough 软件。她从佐治亚大学获得早期儿童/小学教育专业的学士学位，从科罗拉多大学丹佛分校获得信息和学习技术专业的硕士学位。2003年，伊丽莎白成为由《技术与学习》杂志举办的"年度教育技术领袖"比赛的四强之一。她也是著作《技术促进课堂有效教学》《学校教育的未来：2020年的美国教育》和《有效课堂教学（第二版）》等的作者之一。

马特·库恩（Matt Kuhn），McREL 课程与教学技术方向的首席顾问和 Google 认证教师。他的工作主要是在全国范围内开展教师专业发展培训，内容包括教学技术、技术领导力、数学和科学。他曾在多个杂志上发表论文，也是著作《我们所知道的数学教学（第三版）》的作者之一。他曾经在美国国家实验室技术推广部门工作，也曾是一名6—12年级的科学和数学教师。此外，他还担任过一所K—8学校的校长。他从丹佛大学获得了航空工程专业的学士学位、科学教育专业的硕士学位和教育技术管理专业的博士学位。

译者简介
ABOUT THE TRANSLATORS

盛群力，浙江大学教育学院课程与学习科学系教授，博士生导师。主持/主讲国家精品课程和国家精品资源共享课《教学理论与设计》(2005—2015；2016—)，代表性著作为《个性优化教育的探索》(人民教育出版社，1996)、《现代教学设计论》(浙江教育出版社，1998，2010；台湾五南图书出版公司，2003)和《教学设计》(高等教育出版社，2005)等，出版教学设计理论与方法的专著/译著30余本，发表论文100余篇。曾获全国优秀教师"宝钢奖"(2001)和国家基础教育教学成果二等奖(2014)。联系邮箱：qlsheng57@126.com。

李艳，浙江大学教育学院教育技术学专业教授、博士生导师。研究领域包括远程教育、数字化学习、信息技术教育、教育创新传播等。近年来，主持多项国家级和省部级课题，在 Computers & Education、British Journal of Educational Technology、Educational Technology Research and Development、《电化教育研究》《开放教育研究》《中国电化教育》《远程教育杂志》《现代远程教育研究》《现代教育技术》《现代远距离教育》等国内外教育技术领域高水平期刊上发表论文60余篇。2013年，获得浙江省"之江青年社科学者"称号。2014年，入选浙江省"新世纪151人才工程"第二层次培养人员。2018年，荣获"浙江大学优质教学奖"一等奖及"全国第六届教育硕士优秀教师"称号。联系邮箱：yanli@zju.edu.cn。

姚佳佳，浙江大学教育学院教育技术学专业博士，现任江南大学教育技术系校聘副教授、《西部素质教育》期刊编委。研究领域包括数字化学习环境与资源开发、可视化交互学习设计、深度学习评价与学习分析等。近年来，主持多项省部级、市厅级和校级课题，在国内外教育技术领域权威会议和CSSCI期刊上发表多篇论文，以主要参与者出版著作多本。联系邮箱：yjjyoka@jiangnan.edu.cn。

王琳，浙江大学教育学院教育技术学专业博士，现任教于浙江师范大学幼儿教育集团。研究方向为学前儿童编程教育与认知发展，具体包括运用认知心理学理论研发儿童编程能力测评工具，借助不插电机器人、基于屏幕的机器人和编程软件进行课程开发，探讨编程教育对儿童认知发展的迁移效应等。多项研究成果在SSCI期刊和CSSCI期刊上发表，并获专利（2021SR0987028）。联系邮箱：20225019@zjnu.edu.cn。

关于 McREL

ABOUT McREL

美国中部地区教育与学习研究所（Mid-Continent Research for Education and Learning，简称 McREL）是一个在全美得到认可的非营利教育研究和发展机构。它的总部设在科罗拉多州的丹佛市，在夏威夷的火奴鲁鲁（檀香山）和内布拉斯加州的奥马哈市都设有办事处。自 1966 年起，McREL 将很多教育领域行之有效的研究和专业智慧转化为教育工作者的实践指南。该组织目前有超过 120 名的员工和附属人员，其中不乏德高望重的研究人员、经验丰富的顾问和有发表经验的作家，他们为教育工作者改善学生学习结果提供研究性的指导、咨询和专业发展建议。

目 录
CONTENTS

参考产品列表 …………………………………………………… 1
图目录 …………………………………………………………… 7
表目录 …………………………………………………………… 12
译者序 …………………………………………………………… 13
前　言 …………………………………………………………… 16

引　论 …………………………………………………………… 1

第一编　创设学习环境 ……………………………………… 15
第一章　确立目标和提供反馈 ……………………………… 17
　　确立目标 …………………………………………………… 17
　　　　文字处理应用程序 …………………………………… 18
　　　　组织和头脑风暴软件 ………………………………… 20
　　　　数据收集和分析工具 ………………………………… 26
　　　　数据库和参考资源 …………………………………… 30
　　　　交流与合作软件 ……………………………………… 35

　　　　提供反馈……………………………………………… 39
　　　　　　文字处理应用程序…………………………………… 40
　　　　　　数据收集和分析工具………………………………… 42
　　　　　　数据库和参考资源…………………………………… 47
　　　　　　教学媒体……………………………………………… 48
　　　　　　教学交互……………………………………………… 49
　　　　　　交流与合作软件……………………………………… 52

第二章　强调努力和给予认可 ………………………………… 59
　　　　强调努力…………………………………………………… 59
　　　　　　数据收集和分析工具………………………………… 60
　　　　给予认可…………………………………………………… 65
　　　　　　数据收集和分析工具………………………………… 67
　　　　　　多媒体………………………………………………… 68
　　　　　　交流与合作软件……………………………………… 72
　　　　　　教学交互……………………………………………… 75

第三章　合作学习 ……………………………………………… 76
　　　　多媒体……………………………………………………… 78
　　　　交流与合作软件…………………………………………… 84

第二编　促进学生理解 ………………………………………… **95**

第四章　线索、问题和先行组织者 …………………………… 97
　　　　文字处理应用程序………………………………………… 100
　　　　数据收集和分析工具……………………………………… 101
　　　　组织和头脑风暴软件……………………………………… 102
　　　　教学媒体…………………………………………………… 107

目 录

　　　　教学交互 ……………………………………………… 110

第五章　非言语表征 …………………………………………… 112
　　　　文字处理应用程序 …………………………………… 113
　　　　数据收集和分析工具 ………………………………… 116
　　　　组织和头脑风暴软件 ………………………………… 127
　　　　数据库和参考资源 …………………………………… 132
　　　　多媒体 ………………………………………………… 136
　　　　教学交互 ……………………………………………… 149
　　　　动觉技术 ……………………………………………… 152

第六章　做总结和记笔记 ……………………………………… 154
　　　　文字处理应用程序 …………………………………… 155
　　　　组织和头脑风暴软件 ………………………………… 160
　　　　多媒体 ………………………………………………… 164
　　　　交流与合作软件 ……………………………………… 171

第七章　布置家庭作业和提供练习 …………………………… 175
　　　　文字处理应用程序 …………………………………… 177
　　　　数据收集和分析工具 ………………………………… 179
　　　　多媒体 ………………………………………………… 180
　　　　教学交互 ……………………………………………… 182
　　　　交流与合作软件 ……………………………………… 186

第三编　帮助学生拓展和应用知识 …………………… **189**

第八章　识别异同 ……………………………………………… 191
　　　　文字处理应用程序 …………………………………… 192
　　　　交流与合作软件 ……………………………………… 195

3

数据收集和分析工具 ································· 197
　　组织和头脑风暴软件 ································· 205
　　数据库和参考资源 ··································· 209
第九章　**提出并检验假设** ······························· 211
　　组织和头脑风暴软件 ································· 212
　　数据收集和分析工具 ································· 214
　　教学交互 ··· 222

结语:统筹协调 ······································· 227

参考文献 ··· 233
译后记 ··· 245

LIST OF REFERENCED PRODUCTS | 参考产品列表

◇ Adobe® Flash® 和 Adobe® Photoshop® 是 Adobe Systems 公司的注册商标。

◇ AirMicroPad™ 是 Scalar 公司的商标。

◇ Android™、Google Apps for Education™、Google Calendar™、Google Chat™、Google Docs™、Google Earth™、Google Maps™、Google Sites™、Google SketchUp™、Google Sky™ 和 Google Videos™ 是 Google 公司的商标。

◇ Angry Birds® 是 Rovio 娱乐有限公司的注册商标。

◇ Animation Factory® 是 Jupitermedia 公司的注册商标。

◇ Artsonia's Kids' Art Museum™ 是 Artsonia 有限责任公司的商标。

◇ AudioNote™ 是 Luminant 软件公司的商标。

◇ BBC Skillswise™ 是英国广播公司的商标。

◇ Blackboard® 是 Blackboard 公司的注册商标。

◇ Bluetooth® 是 Bluetooth SIG 公司的注册商标。

◇ BrainPOP® 和 BrainPOP Jr® 是 FWD 媒体公司的注册商标。

◇ Bubbl.us™ 是 LKCollab 有限责任公司的商标。

◇ Civiliation V™ 是 Take-Two Interactive 软件公司的商标。

◇ Common Core® 是 Common Core 公司的注册商标。

◇ Coflicthistory.com™ 是 Conflicthistory.com 公司的商标。

◇ Creative Commons® 是 Creative Commons 公司的注册商标。

技术促进课堂有效教学

USING TECHNOLOGY WITH
CLASSROOM INSTRUCTION THAT WORKS

◇ Cut the Knot™ 是 Alexander Bogomolny 公司的商标。

◇ Dance Dance Revolution® 是 Konami 数字娱乐有限责任公司的注册商标。

◇ Delicious® 是 AVOS Systems 公司的注册商标。

◇ DigiTales® 是 Bernajean Porter 咨询有限责任公司的注册商标。

◇ Diigo.com™ 是 Diigo 公司的商标。

◇ Discovery Education® Streaming 是 Discovery Communications 有限责任公司的注册商标。

◇ DoodleToo™ 是 DoodleToo.com 公司的商标。

◇ DrawFree™ 是 David Porter Apps 有限责任公司的商标。

◇ Drawtree™ 是华盛顿大学公司的商标。

◇ Dreamyard® 是 The Dream Yard Drama Project 公司的注册商标。

◇ eClicker™ 是 Big Nerd Ranch 公司的商标。

◇ Educational Testing Service® 是教育考试服务(ETS)公司的注册商标。

◇ Eduware™ 是 Eduware 公司的商标。

◇ eInstruction® 是 eInstruction 公司的注册商标。

◇ ePals® 是 ePals 公司的注册商标。

◇ Evernote® 是 Evernote 公司的注册商标。

◇ Excel®、Kinect®、PowerPoint®、SmartArt® 和 Windows Media® 是微软公司的注册商标。

◇ ExploreLearning™ 是 ExploreLearning 公司的商标。

◇ Facebook® 是 Facebook 公司的注册商标。

◇ FaceTime®、iMovie®、iPad®、iPhone®、iPod Touch®、Keynote® 和 Quicktime® 是苹果公司的注册商标。

◇ Flashcards Deluxe™ 是 orangeorapple.com 公司的商标。

◇ Flat Classroom™ Project 是 Victoria Adams Davis & Julie Lindsay 公司的商标。

参考产品列表

◇ Flickr® 是雅虎公司的注册商标。

◇ Gapminder® 是 Gapminder Foundation 公司的注册商标。

◇ Girls Inc.TeamUp!™ 是 Girls Incorporated 公司的商标。

◇ Global WRITeS™ 是 Global Writes 公司的商标。

◇ Glogster® 是 Glogster, A.S. 公司的注册商标。

◇ Gmail® 是谷歌公司的注册商标。

◇ Go! Animate™ 是 GoAnimate 公司的商标。

◇ Infinote™ 是 Jeybee 有限责任公司的商标。

◇ Inspiration®、InspireData®、和 Kidspiration® 是 Inspiration 软件公司的注册商标。

◇ Intro to Math™ 和 Intro to Letters™ 和 Montessorium 公司的商标。

◇ Intuit® 是 Intuit 公司的注册商标。

◇ Isaac Newton's Gravity HD™ 是 NAMCO BANDAI Games America 公司的商标。

◇ Jamendo® 是 Jamendo S.A. 公司的注册商标。

◇ JASON Project™ 是 The JASON Project 公司的商标。

◇ Jigsaw Classroom™ 是 Elliot Aronson 公司的商标。

◇ Jing® 是 TechSmith 公司的注册商标。

◇ Ken-A-Vision® 是 Ken-a-Vision 制造公司的商标。

◇ Keynote Theme Park™ 是 Wow You Design 公司的商标。

◇ Khan Academy™ 是可汗学院公司的商标。

◇ Knowitall.org™ 是南加州 ETV Commission 公司的商标。

◇ Konus® 是 KONUS Italia Group SRL 公司的注册商标。

◇ LEGO®/Logo Robotics 是乐高集团公司的注册商标。

◇ Logger Lite® 是 Vernier 软件和技术有限责任公司的注册商标。

◇ Make Beliefs Comix® 是 Bill Zimmerman 公司的注册商标。

| 技术促进课堂有效教学

USING TECHNOLOGY WITH
CLASSROOM INSTRUCTION THAT WORKS

◇ Maplesoft® 是 Waterloo Maple 公司的注册商标。

◇ MathBoard™ 是 palasoftware 公司的商标。

◇ Math Playground® 是 Coleen King 公司的注册商标。

◇ Micropoll™ 是 Survey Analytics 有限责任公司的商标。

◇ MindMeister® 是 MeisterLabs GmbH 公司的注册商标。

◇ Moodle® 是 the Moodle Trust 公司的注册商标。

◇ MY Access!® 是 Vantage Learning USA 有限责任公司的注册商标。

◇ My Big Campus® 是 Lightspeed Systems 公司的注册商标。

◇ Ning® 是 Ning 公司的注册商标。

◇ Nota™ 是 Melvin Rivera 公司的商标。

◇ Notestar™, Rubistar™, 和 Thinktank™ 是堪萨斯大学 ALTEC 公司的商标。

◇ Oracle® and Java® 是甲骨文公司及其附属公司的注册商标。

◇ Ourtimelines.com™ 是 Charles Benjamin Blish 公司的商标。

◇ Palasoftware, Inc.™ 是 Palasoftware 公司的商标。

◇ PaperDesk™ 是 WebSpinner 有限责任公司的商标。

◇ Pasco® 是 PASCO Scientfic 公司的注册商标。

◇ PBworks® 是 PBWiki, Inc 公司的注册商标。

◇ Poll Everywhere™ 是 Poll Everywhere 公司的商标。

◇ Prezi® 是 Prezi 公司的注册商标。

◇ PrimaryAccess™ 是弗吉尼亚大学技术和教师教育中心的商标。

◇ Promethean® 是 Promethean 有限责任公司的注册商标。

◇ ProScope HR™ 是 Bodelin Technologies 公司的商标。

◇ Quest Garden™ 是 Quest Garden 公司的商标。

◇ Renaissance Learning™ 是 Renaissance Learning 公司的商标。

◇ RocketMath™ 是 Dan Russell-Pinson 公司的商标。

◇ Rubric Machine™ 是 David Warlick & The Landmark Project 公司的商标。

◇ SAGrader™ 是 The Idea Works 公司的商标。

◇ Scalar® 是 Scalar 公司的注册商标。

◇ SchoolFusion® 是 edline 有限责任公司的注册商标。

◇ SchoolTube™ 是 Schooltube 有限责任公司的商标。

◇ Shodor.org™ 是 The Shodor Education Foundation 公司的商标。

◇ Skype™ 是 Skype 公司的商标。

◇ SMART Board® 是 SMART Technologies ULC 公司的注册商标。

◇ SmartTools™ 是 Smart Tools 公司的商标。

◇ Smog City™ 是 Sacramento Metropolitan Air Quality Management District（SMAQMD）公司的商标。

◇ Snappy Words™ 是 Snappy Words 公司的商标。

◇ Socrative™ 是 Socrative.com 公司的商标。

◇ SPARKvue® 是 PASCO Scientfic 公司的注册商标。

◇ Star Chart™ 是 Escapist Games 有限责任公司的商标。

◇ SurveyMonkey® 是 SurveyMonkey.com 有限责任公司的注册商标。

◇ Syncpad™ 是 Fifth Layer 公司的商标。

◇ Teacher's Corner™ 是 The Teacher's Corner 公司的商标。

◇ Tech4Learning® 是 Tech4Learning 公司的注册商标。

◇ Text Compactor™ 是 Knowledge by Design 公司的商标。

◇ The Differentiator™ 是 Ian Byrd 公司的商标。

◇ The Edublogger™ 是 Edublog 公司的商标。

◇ The Internet Archive™ 是 Internet Archive 公司的商标。

◇ The National Gallery of Writing™ 是国家英语教师委员会的商标。

◇ The Sims® 是 Electronic Arts 公司的注册商标。

◇ ThinkFree® 是 Hancom 公司的注册商标。

◇ Tiny Tower™ 是 Nimblebit 有限责任公司的商标。

◇ TitanPad™ 是 TitanPad 公司的商标。

◇ Twitter® 是 Twitter 公司的注册商标。

◇ Ultimate Research Assistant™ 是 Andy Hoskinson 有限责任公司的商标。

◇ Vantage Learning™ 是 Vantage Learning USA 有限责任公司的商标。

◇ Vernier® 是 Vernier Software & Technology 有限责任公司的注册商标。

◇ Vimeo® 是 Connected Ventures 有限责任公司的注册商标。

◇ Visual Dictionary Online™ 是 QA International 公司的商标。

◇ Visual Thesaurus® 是 Thinkmap 公司的注册商标。

◇ Visuwords™ 是 The Logical Octopus 公司的商标。

◇ VoiceThread™ 是 VoiceThread 有限责任公司的商标。

◇ Vtech® 是 VTech Electronics North America 有限责任公司的注册商标。

◇ Watch Know™ 是 Community Foundation of Northwest Mississippi 的商标。

◇ Web20Badges.com™ 是 Sardan 公司的商标。

◇ Webspiration™ 是 Inspiration 软件公司的商标。

◇ Wii® 是 Nintendo, Nintendo of America 公司的注册商标。

◇ Wikipedia® 是 Wikimedia Foundation 公司的注册商标。

◇ Wikispaces® 是 Tangient 有限责任公司的注册商标。

◇ WolframAlpha® 是 Wolfram Alpha LLC-Wolfram 研究公司的商标。

◇ Wordle™ 是 Johnathan D. Feinberg 公司的商标。

◇ Writeboard™ 是 37signals 有限责任公司的商标。

◇ Zooburst® 是 Zooburst 有限责任公司的注册商标。

◇ Zunal WebQuest Maker™ 是 Zunal.com 公司的商标。

LIST OF FIGURES | 图目录

图 1 布卢姆教育目标分类认知过程 ········· 5
图 2 教学计划框架 ········· 9
图 1.1 用 Google 文档创建的 KWL 表格 ········· 19
图 1.2 《饥饿游戏》的 KWL 表格 ········· 20
图 1.3 用 Inspiration 创建的组织模板 ········· 21
图 1.4 用 MindMeister 创建的 KWHL 网图 ········· 22
图 1.5 用 Inspiration 的"任务完成计划"模板创建的目标计划 ········· 24
图 1.6 Inspiration 中的"个人目标"模板 ········· 25
图 1.7 用 SurveyMonkey 创建的前测调查介绍 ········· 28
图 1.8 用 SurveyMonkey 创建的前测调查 ········· 28
图 1.9 用 SurveyMonkey 创建的前测调查结果 ········· 29
图 1.10 摘自 McREL 的"内容知识" ········· 31
图 1.11 RubiStar 在线量规生成器 ········· 33
图 1.12 带有修订标记和批注的 Word 文档 ········· 40
图 1.13 Word 中的可读性统计 ········· 41
图 1.14 eClicker 中的问题编辑界面 ········· 44
图 1.15 eClicker 中的学生答题界面 ········· 44
图 1.16 来自 eClicker 的测评统计结果 ········· 45
图 1.17 凯特琳的学生－家长交流汇报 ········· 49

图 1.18	班级诗作博客项目流程图	54
图 2.1	在 Google 表格中创建的努力量规	61
图 2.2	努力与成就记录表	61
图 2.3	制作完毕的努力与成就记录表	62
图 2.4	用 SurveyMonkey 创建的有关努力的调查	64
图 2.5	来自 SurveyMonkey 的调查结果	65
图 2.6	用 Micropoll 创建的"经济大萧条"单元评估量规的部分内容	68
图 2.7	在 www.web20badges.com 上制作的徽章	69
图 3.1	用 Syncpad 合作解决问题的例子	87
图 4.1	用 Inspiration 提供线索和问题的例子	103
图 4.2	用 Inspiration 创建的先行组织者	105
图 4.3	用 Inspiration 中的 RapidFire 功能集思广益的例子	106
图 4.4	用 iPad 上的画图程序制作的维恩图	107
图 4.5	用星图显示北极星和小熊座的屏幕截图	111
图 5.1	图形增强笔记:以字母"D"开头的单词	114
图 5.2	学生用 AudioNote 进行学习的屏幕截图	115
图 5.3	学生用 PaperDesk 创建的水循环作品	116
图 5.4	未格式化的地震数据(下载自美国地质调查局网站)	117
图 5.5	用 Excel 创建的地球断层线图	118
图 5.6	比较美国和中国 GDP 的 WolframAlpha 图	120
图 5.7	显示美国和中国逐年经济增长的 Gapminder 图	121
图 5.8	用 Pasco SPARKvue 创建的势能和动能比较图	123
图 5.9	用 ProScope 数码显微镜拍摄的晶体图片	125
图 5.10	用 ProScope 数码显微镜拍摄的鲎虫视频画面	126

图目录

图 5.11	记录植物生长的延时视频画面	126
图 5.12	用 Kidspiration 中"字词汇"模板创建的概念性/描述性模型组织者	128
图 5.13	用 bubbl.us 创建的归纳/原理模型组织者	129
图 5.14	用 Inspiration 创建的时序模型组织者	130
图 5.15	用 Inspiration 创建的事件模型组织者	131
图 5.16	用 Word 创建的过程/因果模型组织者	132
图 5.17	Visuwords 的例子	133
图 5.18	Google 地球中的古罗马图层屏幕截图	134
图 5.19	古罗马 3D 图层中的图像	134
图 5.20	斯潘塞用 Google SketchUp 制作的房屋模型	135
图 5.21	PowerPoint 多媒体演示文稿中的幻灯片	140
图 5.22	一部动画的帧	142
图 5.23	黏土动画电影中的一帧	143
图 5.24	故事板范例	145
图 5.25	美国国家虚拟教具图书馆模拟资源	150
图 5.26	ExploreLearning 中的"老鼠遗传学"模拟资源	151
图 6.1	基于规则的做总结步骤	156
图 6.2	在 Word 中设置修订功能	156
图 6.3	显示了修订标记的 Word 文档	157
图 6.4	Word 中创建的组合笔记	158
图 6.5	Word 中的笔记本布局视图	159
图 6.6	用 Kidspiration 创建的定义框架	161
图 6.7	用 Webspiration 创建的图形组织者	163
图 6.8	PowerPoint 组合笔记任务的指南	166
图 6.9	用 PowerPoint 创建的组合笔记模板	166
图 6.10	用 PowerPoint 创建的组合笔记	167

图 6.11　用 Wordle 创建的水门事件总结图 ………… 168
图 7.1　用 PowerPoint 制作的游戏 BattleGraph ………… 182
图 7.2　用 Writeboard 显示不同版本间变化的屏幕截图 … 187
图 8.1　利用 Google 文档开展分类活动 ………… 193
图 8.2　用 Word 创建的书籍分类表 ………… 194
图 8.3　用 Word 创建的"每日类比"游戏 ………… 195
图 8.4　利用 Google 文档进行隐喻分析的案例 ………… 196
图 8.5　已完成的比较电子表格：不同星球上"我"的体重 … 199
图 8.6　Excel 中创建的比较图表：不同星球上"我"的体重
　　　………………………………………………… 199
图 8.7　Excel 中创建的比较电子表格：不同城市日出日落时间
　　　………………………………………………… 199
图 8.8　已完成的比较图表：显示 8 月份日长变化的散点图
　　　………………………………………………… 199
图 8.9　附带观察数据的"虫子"分类矩阵图 ………… 202
图 8.10　利用 Vernier Logger Pro 和 Word 开展图解运动实验
　　　………………………………………………… 203
图 8.11　InspireData 图形样例 ………… 205
图 8.12　用 Inspiration 创建的维恩图 ………… 206
图 8.13　用 Inspiration 中的"比较"模板生成的文字化比较说明
　　　………………………………………………… 206
图 8.14　用 Kidspiration 中的"比较"模板创建的样例 … 207
图 8.15　Kidspiration 中的"动物分类"模板 ………… 208
图 8.16　用 Kidspiration 中的"往日时光"模板创建的样例 … 208
图 8.17　用 WolframAlpha 对三所院校进行比较 ………… 209
图 9.1　Inspiration 中的"根源分析"模板 ………… 214
图 9.2　用 Excel 创建的交互式储蓄与投资电子表格 …… 216

图 9.3　交互式储蓄与投资电子表格:预测示例 ……………… 217
图 9.4　交互式储蓄与投资图:预测示例 …………………… 217
图 9.5　交互式储蓄与投资电子表格阶段 1:复利的单元格公式
　　　 …………………………………………………………… 218
图 9.6　交互式储蓄与投资电子表格阶段 2:复利的单元格公式
　　　 复制 ……………………………………………………… 219
图 9.7　交互式储蓄与投资电子表格阶段 3:总收益的单元格公
　　　 式 ………………………………………………………… 219
图 9.8　用 iPad 中的 Keynote 创建的水源 pH 值比较图 … 222
图 9.9　Realityworks 商业财务模拟软件的数据截图 …… 223

表目录 | LIST OF TABLES

表1　九类教学策略 ················· 8
表2　九类技术 ·················· 11
表3　策略和技术的矩阵 ············· 13
表1.1　RubiStar 中创建的量规 ··········· 34
表3.1　合作多媒体项目的量规 ··········· 79
表3.2　合作多媒体项目中的小组角色分工 ······ 80
表3.3　Glogster 协同学习技能项目量规范例 ····· 81
表9.1　结构化的"提出并检验假设"任务的特征 ···· 213
表9.2　数字传感器活动：水源的 pH 值预测 ····· 221

PREFACE | 译者序

进入 21 世纪以来，技术驱动的教育教学实践成为全球教育改革的重要议题之一。放眼全球，世界各国都在顺应科技创新引领的时代变革潮流，努力探索技术支持的课堂教学新模式和新样态。自 2004 年以来，美国新媒体联盟每年都会发布具有全球影响力的《地平线报告》，该报告专门预测有哪些新兴技术和实践正在成为全球教育系统未来发展的重要趋势。在2021 年发布的《地平线报告》（教与学版）中，人工智能、学习分析、混合课程模式、微认证、开放教育资源以及高质量在线学习等内容被选为影响教育未来发展的六大新兴技术与实践。由此可见，无论是正式还是非正式的学习场景中，技术支持的教与学实践已经逐渐成为全球的重要趋势。

聚焦中国场景，近十年来，国家层面发布了多份意义重大、影响深远的教育信息化主题的政策文件，以此来推进技术变革教育的愿景早日实现。2012 年 3 月，教育部发布了《教育信息化十年发展规划（2011—2020 年）》，其中指出要"充分发挥现代信息技术独特优势"，要使"教学方式与教育模式创新不断深入"，要注意"知识呈现方式、教学评价方式、组织差异化教学等方面的变化"。2017 年 7 月，国务院印发了《新一代人工智能发展规划》，其中指出要"开展智能校园建设，推动人工智能在教学、管理、资源建设等全流程应用……建立以学习者为中心的教育环境，提供精准推送的教育服务，实现日常教育和终身教育定制化。"2018 年 4 月，教育部又制定了《教育信息化2.0行动计划》，提出了数字资源服务普及行动、信息素养全面提升行动等八大行动，旨在推进"互联网+教育"发展，加快教育现代化和教育强国建设。2019年2月，中共中央、国务院印发了《中国教育现代化2035》，其中重点部署了面向教育现代化的十大战略任务，包括加快信息化时代的教育变革。文件指出要利用现代技术加快推动人才培养模式改革，实现规模化教育与个性化培养的有机结合。

2020年年初暴发的新冠肺炎疫情对全球的教育生态系统产生了长远而深刻的影响。无论是高等教育系统，还是基础教育系统，全球范围内很高比例的师生都因为疫情的来临经历了在线教与学的实践。虽然大规模在线教学过程中出现了很多问题，如教师在线教学能力有限、在线交互活动组织不足、在线评价棘手等，但基于各种移动终端（电脑、平板电脑和智能手机）的教与学实践因此在全球流行开来，技术支持的线上线下混合课堂教学如今成为常态。在这样的时代背景下，本书的翻译、出版具有强烈的现实意义。

但众所周知，教师才是教育信息化进程中最重要的执行者和变革力量。无论管理者、决策者为一个国家、区域或学校规划了多么美好的数字化学习愿景和蓝图，如果直面学习者的一线教师对技术不熟悉，对使用技术不自信，对信息技术促进课堂教学的观念和实践不屑一顾，那么，一切领导意愿和顶层设计都是空谈。我想本书作者对此观点也应该深信不疑。也因此，本书的目标人群是一线教师或者那些即将成为一线教师的学习者、受训者；本书中的所有案例也都来自一线教师真实的教学实践。

本书共包含三编和九章内容。其中，第一编"创设学习环境"聚焦确立目标和提供反馈（第一章）、强调努力和给予认可（第二章）以及合作学习（第三章）；第二编"促进学生理解"聚焦线索、问题和先行组织者（第四章）、非言语表征（第五章）、做总结和记笔记（第六章）、布置家庭作业和提供练习（第七章）；第三编"帮助学生拓展和应用知识"聚焦识别异同（第八章）、

译者序

提出并检验假设(第九章)。本书内容逻辑完整而清晰,围绕"信息技术促进课堂有效教学"这一主题,针对不同教学环节深入讨论了信息技术何以融入教学设计以及课堂教学的具体实践。这样的内容设计可以让读者意识到信息技术促进课堂有效教学在时间安排上不是片段的,而是全过程的;内容和形式上不是单一的,而是多样的。信息技术的应用可以体现在教学设计的每个环节之中:从教学目标设立到提问,从做总结到提供练习,从评价反馈到相关的教学研究。所有这些描述的内容都是一线教师熟悉的场景,但其中的信息技术应用又会让他们觉得自己在日常教学中确实还有提升的空间。

本书介绍的技术很实在。探讨的并非是很多人想象的那些前沿和新兴的技术,比如这些年全球都在热议的人工智能、机器人、虚拟现实等;而是当今时代全球大、中、小学课堂上容易接触得到的技术,例如 Word、Excel、PowerPoint、Keynote、AudioNote、SurveyMonkey、RubiStar、eClicker、PaperDesk、Inspiration、Kidspiration、Google 文档、Google 地球等。在这些软件和工具中,很多是国内外师生都很熟悉的,如 Word、Excel、PowerPoint、Keynote、Inspiration 等;也有一些是国外常用的,如 AudioNote、SurveyMonkey、RubiStar、eClicker、PaperDesk、Google 文档、Google 地球等,但国内也有类似功能的中文版软件和工具。因此,阅读国外工具的课堂应用案例也会启发我们对中文版相应工具的使用。

我们衷心希望本书能够受到广大教师、教研员、教育管理者、培训从业人员、师范院校学生等读者的关注,也希望本书对提升教师信息素养以及信息技术与学科课程整合能力有所助益。

李 艳

2022 年 3 月 17 日于浙江大学紫金港校区

前 言 | FOREWORD

当今世界有 20 亿人能接触到网络,预计到 2020 年,50 亿人可以通过智能手机、平板电脑及其他新兴设备连接在一起。这样的连接无处不在,这样的互联互通将会如何影响我们及下一代的生活,还要拭目以待。

为了让下一代最大限度地利用好学习和生活领域这一前所未有的巨变,作为教育工作者的我们应投身变革,从根本上改变自己的工作和生活方式。对于将技术作为帮助我们学习和教学的工具,不论我们的适应程度如何,都不应再思考"是否做"的问题了,而应开始考虑"如何做"——且行动越快越好。

从二十年前计算机进入学校开始,这种转变就发生了,其中的过程并不容易。我们所在的学校系统每向前迈进一步都会遇到许多挑战。就如作者克莱·舍基(Clay Shirky)写道的:"面对那些需要进行自我改革才有出路的问题,机构会尽量维持现状。"学校也不例外。不过,现在的挑战是问题本身发生了根本的变化:现在的问题不是缺少接触信息或教师的机会,而是无论我们在哪里或何时需要它,这种机会都太多了。在很大程度上,这种变化需要我们重新思考和界定学校和班级在学习者生活中的作用,以及教师能扮演的角色。技术将是这种再思考的核心内容。

《技术促进课堂有效教学(第二版)》是一本能让人很好地开始这种再思考的著作。如同第一版一样,第二版中包含了大量的实例,探讨教师如何整合各种各样的技术用以促进教学并丰富学生的课堂体验。不同的是，第二版描述了过去五年学校技术应用领域从使用本地计算机中的工具和应用，到使用大量"云端"新兴社交媒体技术的转变。随着时间的推移，我们需要学会在网络环境中学得更有效率、更有效果，因为这个世界正变得越来越互联互通。

更为重要的是，本书支持着这样一个现实，即：不论技术以何种形式出现，它们已经不是教师工作外附加的内容，而是我们生活、学习和教学的一部分了。不论哪个学科，不论哪个年级，我们需要充分挖掘这些工具带来的丰富潜力，从而为学习者提供多元化的学习体验。这不仅可以提高学习效率，还可以促进创造性学习和探究性学习。我们知道学生最受益于这两类学习。

目前，学生（和我们）不仅有机会与世界联通，还有机会通过分享和再分享在线内容来改变世界，这意味着巨大的机遇和挑战。为了更好地理解其中的潜力和陷阱，我们需要直面这个时代和这些变化，并帮助学生去应对挑战。

在未来的数十年里，作为教育工作者，我们最重要的工作是将在模拟世界里开展的本地的、受时空限制的学习，转变为在数字世界里开展的全球联通的、随时随地的学习。本书就是开始这种转变的一个好起点。

——威尔·理查森（Will Richardson）

引 论

我们今天生活的世界和 2006 年暑假我们写本书第一版时的情形大不相同了。想一想那时候：

- 卡尔·菲什（Karl Fisch）还没发表影响深远的题为"你知道吗？变化正在发生"（2006）的讲演。
- 你或许还没听说过 Android 移动技术平台或 iPhone, iPod Touch, iPad 等移动数字设备。
- 我们知道 Google 在编写有关 Google 文档的程序，但还没有发布。
- Google 协作平台还没有出现。
- Gmail 网络邮件服务仍只限于通过邀请的方式加入。
- Twitter 于当年 7 月发布，不过等到来年才得到广泛应用。
- Facebook 只有不到八百万的用户（Vogelstein, 2007）。截止到 2012 年 4 月，它的用户已经超过 9 亿（Facebook, n.d.）。

我们的学生不仅要学会如何利用现有的这些技术，还要知晓针对特定任务或项目评估哪种技术最为适合。为了达到这一目的，我们怀着极大的热情给大家带来《技术促进课堂有效教学（第二版）》。技术类的书通常上架周期都很短，因为硬件、软件、概念和想法的革新速度很快。当我们在写该书第一版时，我们也认为这本书可能是非常短命的，然而该书的第一版居然现在仍是 Amazon.com 网站上教育和参考 > 学校和教学 > 计算机和技术门类中销售量前 40 名的书。

我想我们大概知道第一版有这么好销售量的原因：虽然在第一版中所讨论的技术已经有所改进，有的甚至已被替代，但人们使用技术的目的依旧保持不变。例如，在第一版中我们举过一个例子，讲的是一位老师利用 SurveyMonkey 在线问卷工具收集学生对莱特湾海战知识点的了解和理解情况。从学生中收集数据的需求是不变的，收集数据的工具可以多样化：虽然 SurveyMonkey 仍是一款强大且流行的工具，但它如今有了很多竞争对手，例如 eClicker，Socrative 和 Poll Everywhere，这几款工具可以给用户提供更大的灵活性。

我们的目的不是写一本介绍技术的书，而是想要介绍如何利用"技术"这一工具为良好教学提供支持。对于被层出不穷的新工具和新应用淹没的教育工作者而言，这样看待技术是很有帮助的。书中特别介绍了一些我们最喜爱的技术，但教育工作者在使用时千万别因此受限于我们推荐的这些工具。相反，他们应该先想清楚要利用工具做什么，再去尝试一些能达成这一目的的工具，每个工具都有自己的特点。平板设备的问世以及应运而生的大量 App 激励着教育工作者带领学生一起尝试各式各样的工具，并在这样的过程中学会将已掌握的技术知识转化为更多更新的发明。

为什么要利用技术

上本书中，我们总结了有关技术对学生学习效果影响的研究。这之后，又有许多令人兴奋的进展和研究发现涌现出来。例如，研究发现，随着多媒体工具的制作成本越来越低、获取途径越来越多元,它们对学生理解知识、补充缺失信息、进行更好的推论有积极作用(Chambers, Cheung, Madden, Slavin, & Gifford, 2006; So & Kong, 2007; Kendeou, Bohn-Gettler, White, & van den Broek, 2008)。这些研究发现也在日益受人关注的"翻转课堂"概念中有所体现。在翻转课堂中,教师讲课采用视频直播(或视频点播)的形式,学生在课外观看这些视频,课堂上的时间则省下来用于进行深层次的讨论和活动(Schaffhauser, 2009)。即使是一些早期技术,也被证明对学生学习有帮助。例如,研究表明,数据库的使用可以帮助学生对数据进行分类、解释,以及结果呈现,从而增加学生的相关认知负荷(Li & Liu, 2007)。

研究表明,当教学前向学生清晰呈现学习目标时,技术的使用能最好地影响学生的学习(Ringstaff & Kelley, 2002; Schacter, 1999)。使用得当的话,技术不仅可以提高学生的学习、理解和学业水平,还可以调动学生的学习积极性,鼓励其开展合作学习,帮助其发展批判性思维和问题解决能力(Schacter & Fagnano, 1999)。当然,计算机早已被用于帮助学生提高其在基础能力测试中的表现。不过,技术在学校中的应用远不止这一狭隘的目的。就如罗素和佐尔格(Russell & Sorge, 1999)所指出的:

> 新技术可以让学生对自己的学习有更多的自主权,可以培养他们的分析性思维和批判性思维,可以让他们更好地合作共事。这种"建构主义"方法也是当前教育改革所做的一种尝试,技术使之变得更容易了……但因为这种教学方法连同其中包含的技术都是新近发展起来的,目前还很难衡量它们所产生的教育效果。(pp. 1—2)

特别要指出的是，学生的学业表现也是很难测量的，因为现有的很多评价工具难以很好地评价新技术对高阶思维能力可能带来的影响。

研究显示，技术融入教学意味着课堂学习环境从教师主导转向以学生为中心。在这种"建构主义"的课堂上，学生倾向合作学习，他们有更多选择的机会，在自己的学习中也扮演着更为积极的角色（Mize & Gibbons, 2000; Page, 2002; Waxman, Connell, & Gray, 2002）。技术让教师可以针对学生的各种学习风格提供更为个性化的教学。

在技术丰富课堂和传统课堂中，学习的发生会有所不同。研究发现，技术对于一些危机学生和有特殊需要的学生特别有效（Barley et al., 2002; Page, 2002）。McREL 的一项研究综述指出，计算机辅助教学（Computer-Assisted Instruction，简称 CAI）具有以下有利于危机学生学习的特征（Barley et al., 2002）：

- CAI 是客观公正、激励人心的。
- CAI 提供频繁的和即时的反馈。
- CAI 可以通过设计实现个性化学习，满足学习者的需要。
- CAI 允许学生有更多的自主权。
- CAI 提供了多感官学习环境（图片、声音和符号）。(p. 97)

众所周知，本杰明·布卢姆（Benjamin Bloom）提出了教育目标分类，涵盖了对教学材料简单的、事实性的记忆到对概念的应用和评价（见图1）。技术可被用于对操练和练习进行即时反馈，也可被用作分析、综合、评价信息的工具。

引 论

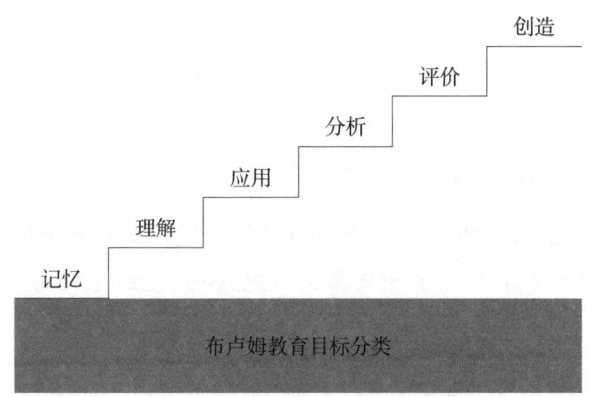

图1 布卢姆教育目标分类认知过程

雷·奈尔斯(Rae Niles)博士是美国堪萨斯州塞奇威克公立学校课程和技术部门的主任,她用一个学生的例子说明技术对学生学习的影响:

"一人一台笔记本电脑"项目实施的第一年,来自45个不同学区的教育工作者来我们学校参观考察。大多数人来的时候的想法都是为了看技术,到了之后发现并不是看技术,而是看教与学以及技术如何改变学校围墙之内所发生的活动。

通常,当访问者到我们学校后,我们会花25—30分钟带他们快速地参观学校设施,并让他们与师生随意交流。参观过后,访问者会和"专家组"进行对话。"专家组"由10名16—18岁的具有不同社会、经济、家庭背景及不同能力水平的学生组成,他们是当天上午被老师邀请来为访问者担任专家角色的。

访问者问学生问题时要遵循两个简单的基本原则:(1)所问的问题不受任何限制;(2)不应让学生在真实作答时有顾虑。在某一次参观中,在介绍完接下来45分钟的活动安排后,一位隔壁学区的督学用一种很好奇的口吻随机地问一名学生:"这个'一

5

人一台笔记本电脑'项目究竟是如何给你带来不同的?"

这个被问到的小伙子名叫凯西(Casey)。他看了看这位督学，然后又看了看我，很明显他有些纠结要回答的内容。凯西的脸上显露出复杂的表情，他不知道如何回答，甚至不知道是否应该回答这位男子的问题。显然，他对于要回答的内容不知所措。凯西直勾勾地看着督学，口中回答说："先……先生，我是特殊……特殊学生，一直都是，不过，有了这个设备"——他指着自己的笔记本电脑——"我和旁边的学生一样聪明了。"

当时的现场毫不夸张地说，掉一根针都能听得很清楚。坐在教室里的人都异常安静，督学觉得对回答不满意，接着问："不，说实在的，它是如何给你带来不同的?"

凯西回答道："我有阅读障碍，通过眼睛学习对我而言很困难。利用这个笔记本电脑，我可以将老师布置的作文或问题回答等作业录入电脑，然后在电脑的菜单中选择'朗读'。之后，我戴上耳机，闭上眼睛，听着电脑念我所写的。如果听完了之后觉得写得合情合理，那我自认写得不错，可以上交给老师了；如果听下来觉得不行，那我会回去做一些修改。"

凯西是一名高中生。自他1年级接受特殊教育以来，他首次被允许用他学得最好的方式，而不是教师认为最好的方式进行学习。在过去的近12年里，他的学习风格都是由教师主导的，而技术让凯西能够发挥自身优势，用自己学得最好的方式进行学习。

从高中毕业后，凯西在附近的社区学院成功地完成了两年制的消防科学学位的学习。如今，他当上了消防员和急诊医士，并在去年春天结婚了。技术对他高中毕业后的成功有着难以估量的影响。不过，有一点值得肯定的是，技术让他利用自身优势将学习效果最大化，同时，技术也让他相信自己是可以成功的。

（R.Niles, personal communication, 2006）

新教学计划框架

本书旨在给21世纪上半叶的塑造者——教师，展示如何有效利用身边多样化的工具丰富学生的学习体验，鼓励教师开展基于项目的教学，并帮助学生获取成为终身学习者和批判性思考者所需的技能。本书若能和《有效课堂教学（第二版）》（Dean, Hubbell, Pitler, & Stone, 2012）搭配起来看，效果更好。这两本书不是替代关系，《有效课堂教学（第二版）》为本书讨论的"技术利用"提供了坚实的基础。

自2007年以来，McREL已及时更新了《有效课堂教学》出版之后的研究成果并将其收录在第二版中。虽然策略的类型（见表1）没有变化，但第二版分析了一些新近的研究并调整了相关的教学建议。最重要的是，自《有效课堂教学（第一版）》出版以来，我们对策略本身以及对如何在计划过程中利用这些策略的思考也在发生变化。如今，我们将策略组织到一个教学计划框架中（见图2），以此帮助教师更有目的和针对性地加以利用。

作为框架的第一要素，"创设学习环境"是每一堂课的首要任务之一。在创设的学习环境中，教师需要调动学生的学习积极性，帮助学生知晓他们需要做什么，定期针对他们的学业进展给予反馈，使学生确信他们有能力学会富有挑战的内容和技能。教师需要鼓励学生积极置身于学习并"拥有"自己的学习，为学生创造分享和讨论想法的机会，发展他们的协作能力，使其学会监测和反思自己的学习。

作为框架的第二要素，"促进学生理解"所包含的策略基于这样一个事

表 1　九类教学策略

策略类型	McREL 的定义
确立目标和提供反馈	·为学习者提供一个学习的方向,以及告知他们在某个具体的学习目标中需要如何表现才能提高自己的学业表现
强调努力和给予认可	·通过强调学习者对学习的态度和信念来促进他们对努力和成就之间关系的理解 ·学习者完成特定目标后给予其奖励或表扬
合作学习	·为学习者提供组内互动的机会以增进学习
线索、问题和先行组织者	·提高学习者检索、使用和组织某主题已知信息的能力
非言语表征	·提高学习者利用心象表征和阐述知识的能力
做总结和记笔记	·提高学习者通过捕捉主要思想和支持性细节综合信息并组织信息的能力
布置家庭作业和提供练习	·扩大学习者练习、回顾和应用知识的学习机会 ·提高学习者达到某项技能或过程预期水平的能力
识别异同	·通过让学习者参与识别事物异同点的心理过程,提高其理解知识和应用知识的能力
提出并检验假设	·通过让学习者参与提出并检验假设的心理过程,提高其理解知识和应用知识的能力

实,即学生都是带着先前的知识进入课堂的,他们需要将所学的新知识整合到已有知识中。该要素包含的策略帮助教师把学生的先前知识当作他们学习新知的脚手架。获取和整合新知要求学生对信息进行意义建构、组织与存储等活动。意义建构是一个积极的过程。在这个过程中,学生回忆旧知、预测并检验假设、纠正错误概念、增加缺失信息并找出知识点中容易让人费解的内容(Marzano & Pickering, 1997)。学生通过识别模式(例如一个事件序列、一个描述)来组织信息。他们存储信息时,如能生成有关

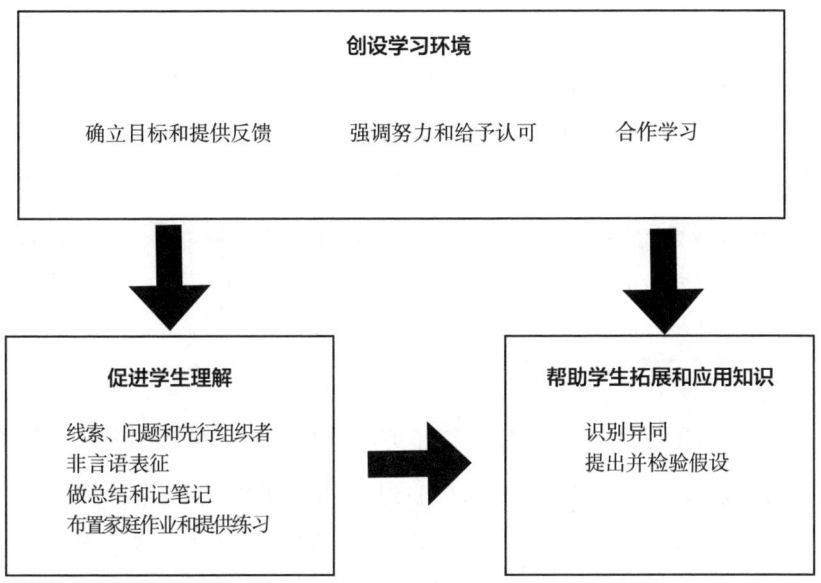

图2　教学计划框架

信息的心象，记忆效果最好。获取并整合程序性知识包含以下步骤：构建过程中步骤的模型、对过程提出概念性理解、理解并实践其中的变化以及流畅或不假思索地完成整个过程（Marzano & Pickering,1997）。

作为框架的第三要素，"帮助学生拓展和应用知识"强调帮助学生从追求"正确答案"的学习中摆脱出来，引领学生去拓展理解并在真实情境中应用所学的概念和技能。这些策略有利于学生更有效、更灵活地应用所学知识；其中涉及的关于复杂推理过程的使用，对于学生有意义地应用所学知识是很有必要的（Marzano & Pickering,1997）。

技术新分类

在本书的第一版中，我们总结了七类技术，它们可以帮助我们思考如何更好地利用各式各样的 21 世纪工具。我们发现这七个类别现在已经难以更全面地描述技术，所以决定在本书的第二版中进行调整。这也表明技术不断变化的本质。例如，网络资源类技术如今变得毫无意义，因为云计算可以有效地将几乎任何一种工具转变成"网络资源"。相类似地，我们将电子表格软件这类技术整合到了一个更大的数据收集和分析类别中，因为我们现在有很多工具可以让用户轻易地整合来自不同来源的数据，并通过多种方式过滤数据，从而呈现趋势和模式。大家可以从表 2 中看到扩展后的技术新分类。

读者或工作坊参与者经常问我们的一个问题是书中为什么不包含展示型工具，如交互式电子白板、LCD 投影仪、实物投影仪等。我们的回答是如果没有合适的软件配合使用，展示型工具只不过就是投影设备，软硬件的结合才能改变我们的教或学的环境。我们相信若将教学技术发挥到极致，可以让学习者完成那些之前被认为是不可能的、不安全的、不现实的或平淡无奇的活动。尽管展示型工具一定是教室所需要的，但我们认为将它们称作"教学技术"会是一种误导：它们只是每日学习必需的工具而已。

许多交互式电子白板所包含的软件根据其使用的方式可以被归属到不同的技术类别中。例如，如果一位教师利用概念图软件帮助学生开展头脑风暴活动，该软件将被归为"组织和头脑风暴软件"类。不过，如果全班同学在白板上玩一个交互学习游戏，该软件就该被归到"教学交互"类去了。

表2　九类技术

技术类别	定义	例子
文字处理应用程序	能够创建文档,让文本可以以线性或可视化模式呈现的应用程序	Google 文档,Word,Wordle
组织和头脑风暴软件	帮助用户组织思维,对想法进行关联、分类并显示过程的软件	Webspiration,Inspiration,SmartTools
数据收集和分析工具	帮助用户收集和分析数据的工具	SurveyMonkey,Excel、eClicker,Poll Everywhere
交流与合作软件	以视频、音频、文本或三者的任一组合代替或增强传统通信形式的软件;允许用户分享和讨论想法、图片、网络链接等;使人们可以在异地的情况下共同工作	Skype,FaceTime,TypeWith.me,Diigo,Facebook,Twitter
教学媒体(学习者作为消费者)	能够提供或促进创建用于学习的视、音频的技术	BrainPOP,Discovery Education Streaming,可汗学院(Khan Academy)
多媒体创作(学习者作为生产者)	能够让用户将音频、视频、音乐、图片、图画或其他内容整合成最终作品的技术	PowerPoint,Keynote,Photoshop,iPhoto,Glogster,VoiceThread,iMovie
教学交互	由学习者操控,用于提高他们对技能或概念理解的技术,包括游戏、教具以及用于评估学习者和基于学习者需求将活动或课程个性化处理的软件	MathBoard,Intro to Math,星图(Star Chart)
数据库和参考资源	为用户提供信息和数据的资源	RubiStar,Visual Thesaurus,Wikipedia,WolframAlpha,GapMinder
动觉技术	可以与用户所处地理位置和身体动作互动的技术(由于目前这类技术在课堂上的应用有限,我们没有在本书中列举太多的相关案例。不过,我们预计接下来的5—10年里,这类技术的教学应用会迅猛增长)	Wii,Xbox Kinect,GPS 设备

| 技术促进课堂有效教学

USING TECHNOLOGY WITH
CLASSROOM INSTRUCTION THAT WORKS

如何充分利用本书

本书各章节内容的安排有着相似的结构。每一章开始会简短介绍选定的策略，接着描述课堂建议和技术支持该策略的具体案例。所有章节都包含教师和学生创建的例子，其中很多例子是真实的教案、项目和作品。在每一章中，我们都提供了何时使用技术工具、教师如何帮助学生使用相关策略、哪项工具最适合哪项任务等信息。在书中，我们尽量减少介绍如何使用某种硬件或软件，因为我们衷心希望本书成为一本实践指南而不是一本程序手册——关于这些互联网上已经有大量的免费教程，因此，我们再来提供这些信息就显得毫无必要。我们希望本书能呈现该书出版时那些技术的最新迭代。

本书的最后部分介绍了如何规划技术在课堂中的应用。我们在该部分讲述了自身工作中的经验教训，并探讨了技术如何在 21 世纪丰富的学习环境中成为其中一个重要因素。

技术可以改变环境、交流方式以及教与学的行为。本书收集了很多真实、有用的教育工具和示例，它们与研究性教学策略相匹配（见表 3）。我们希望本书可以让教育工作者有能力将技术视为"动词"，即学生正在做的事情，而不只限于把它当作"名词"，即视技术为学习内容的载体。

表 3 策略和技术的矩阵

	文字处理应用程序	组织和头脑风暴软件	数据收集和分析工具	交流与合作软件	教学媒体	多媒体创作	教学交互	数据库和参考资源
确立目标	×	×	×					×
提供反馈	×		×	×			×	×
强调努力			×					
给予认可			×	×		×	×	
合作学习				×		×		
线索、问题和先行组织者	×	×	×		×		×	
非言语表征	×	×	×		×	×	×	
做总结和记笔记	×	×		×	×	×		
布置家庭作业和提供练习	×	×	×	×	×	×	×	
识别异同	×	×	×	×			×	×
提出并检验假设			×					

第一编

创设学习环境

SECTION I

CREATING THE
ENVIRONMENT FOR LEARNING

第一章
确立目标和提供反馈

和《有效课堂教学(第一版)》(Marzano, Pickering, & Pollock, 2001)一样,"确立目标"和"提供反馈"两个策略是被归在一起的。不过,在《技术促进课堂有效教学(第一版)》中,我们是将这两个策略分开论述的,并给每个策略提供了不同的计划性问题。这些问题最终演变成组织本书的一个三要素框架,使我们能够重新组合策略。"确立目标"和"提供反馈"两个策略的结合反映了我们的一个思考结果,即确立目标和提供反馈会一起产生作用,帮助学生了解自己的学习目标是什么以及如何向目标迈进。

▌确立目标

确立目标是一个为学生设定方向并引导其学习的过程(Marzano, Pickering, & Pollock, 2001; Pintrich & Schunk, 2002)。当教师为学生明确学习目标时,学生可以更容易地看到自己在课堂里的行为和应该学习的内容之间的关联性。通过明确自己的认知起点与学习目标之间的距离,确定需要关注的内容以及在哪些方面可能需要来自教师或其他人的帮助,学生可以最大限度地降低对自己能否成功的焦虑程度(Dean, Hubbell, Pitler, & Stone, 2012)。

关于如何在课堂教学中开展这一策略，我们提出了四条建议：

建 议

- 确立目标应具体但无限制性。
- 与学生和家长交流学习目标。
- 将学习目标与先前及未来的学习相衔接。
- 帮助学生制订个人学习目标。

研究表明，允许学生自己制订部分的学习目标可增强其学习动机（Hom & Murphy, 1983）。而技术则可以在此过程中帮助学生组织、阐明和表达好学习目标。此外，技术还能为教师提供那些可以帮助他们确定、细化标准与目标的资源。

在本节中，我们将展示如何使用以下技术工具来确立目标：文字处理应用程序、组织和头脑风暴软件、数据收集和分析工具、数据库和参考资源以及交流与合作软件。

文字处理应用程序

文字处理器——无论是传统的、独立的应用程序，还是协作的、基于云计算的应用程序——都为确立目标提供了创建工具和协议的便捷方法。例如一种叫作"KWL 表格"的工具，可以让学生写下关于某个主题自己已经知道（**K**now）的内容和想要（**W**ant）知道的内容，以及他们在这个主题学习单元或学习活动结束时实际掌握（**L**earned）到的内容。这是一种激活学生旧知并让他们个性化自身学习目标的好方式。在文字处理器中使用绘制工具可以方便地创建 KWL 表格。在 Word 中，这种简单的图表可以通过单击工具栏中的**插入 > 表格**，选择 3x2 表的方式获得。虽然在 Word 中创建这样的 KWL 表格不难，但它并不具备 Google 文档等基于云计算程序的优点，后者支持共享模板、数字反馈和在线收件箱等功能。如图 1.1 所示，在 Google 文档中创建一个 KWL 表格只需要插入三纵栏或绘制三个垂直的矩形，然后在每一栏里填上相应的标题即可。

我/我们已经知道的	我/我们想要知道的	我/我们掌握到的

图 1.1　用 Google 文档创建的 KWL 表格

这样的图表我们明明可以在纸上绘制出来，为什么还要这么辛苦地去创建电子图表呢？回想一下我们刚才提出的第二条课堂建议，即与学生和家长交流学习目标。如果图表是电子的，你就可以把它放在电子简讯中，或者发布到你的班级网站上，又或者——最好的方式是——分享到云端，便于学生使用。

要使用 Google 文档，首先你需要一个 Google 账号。你的学生也需要账号才能访问文档。Google 账号可以通过访问 https://www.google.com/accounts/NewAccount 来免费创建（如果学生在 13 岁以下，可以考虑在全校范围内使用 Google 企业应用教育版，以便于给每名学生指定分配一个账号）。在 Google 文档中创建 KWL 表格之前，你必须先登录你的 Google 账号，单击工具栏中的**更多**选项，选择**文档**，然后选择**新建 > 文档**。在新的文档中，点击**插入 > 表格 >3x2**，在第一行中写好标题并保存。将这个图表保存为模板是一个不错的做法，这样其他人就不能随意改动它，学生仍可以轻松访问它。要提交一个模板到你的模板库，只需按照以下步骤进行即可：

1. 登录 https://docs.google.com 网站，选择你希望保存为模板的文件边上的复选框。

2. 选择**更多 > 提交到模板库**。

3. 输入简短的描述，为模板选择1—2个类别，并选择一种语言。

4. 选择**提交模板**。

5. 你的新模板已被保存在https://docs.google.com/templates 网站中"我的模板"菜单下面了。

图1.2 是一名高中生在学习语言艺术课某个单元之前填写的Google文档，该单元的学习活动主要是分析《饥饿游戏》(The Hunger Games)一书中的困境。这个电子文档可以被存储在电子文件夹中，并且能够被轻松地在线共享。同时，它本身也可以成为学生的反馈途径和形成性评估内容。随着单元学习的推进，"掌握"的部分会被逐渐填充和完善，从而为学生和教师对学习结果的检查提供一个参考。

我/我们已经知道的	我/我们想要知道的	我/我们掌握到的
困境解决起来比较困难，且往往很少有正确的答案 锻炼和培养解决问题的能力是很重要的	我面对《饥饿游戏》的困境会做出怎样的决策 我做的决策跟书中主人公做的决策有什么差异	

图1.2 《饥饿游戏》的KWL表格

组织和头脑风暴软件

本类软件包括著名的思维软件Kidspiration（面向学龄前儿童和低年级学生）和Inspiration/Webspiration（面向中高年级的学生）。这些有用的工具为学生在单元学习开始前、学习过程中以及学习结束后计划和组织自己的思想提供了简单的方法。使用这种软件替代传统纸质图表的一个优点是它可以被保存、编辑、共享以及作为学生电子档案的一部分进行存档。

允许学生将学习目标个性化有助于确保他们明白自己正在学什么以及为什么要学,它可以让学生在学习中拥有一些自主权和发声的机会,这会产生额外的激励效果。如何帮助学生制订个性化的学习目标?一个非常简单有效的方法就是用 Kidspiration、Inspiration/ Webspiration 或其他类似的组织和头脑风暴软件创建模板。

当你向学生提出宽泛的学习目标、标准或基准时,可以让他们使用如图 1.3 所示的这种模板(由一位俄勒冈州的高中教师创建)去思考自己最想学什么以及为了达到学习目标最可能关注什么。有了教师的教学目标和学生自己的学习目标,该课程的目的便从一开始就很清晰,接下来的教与学的过程也会更有意义。课程结束时,师生可以检查学习目标中哪些已经完成了。

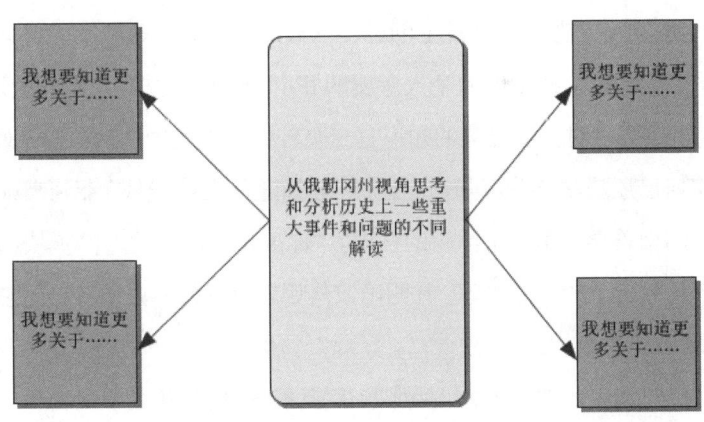

图 1.3 用 Inspiration 创建的组织模板

另一种鼓励学生将学习目标个性化并跟进自身学习进展的途径是使用 KWHL 表格(类似于前面提到的 KWL 表格)。图 1.4 显示的是一位 4 年级数学老师菲阿(Fua),利用 MindMeister(一款在线思维导图制作工具)创建的一个 KWHL 网图。菲阿老师在教学生学习分数这个单元时会问学生 KWHL 上的几个问题：你知道什么？你想要知道什么？你准备如何(How)去发现？你掌握了什么？

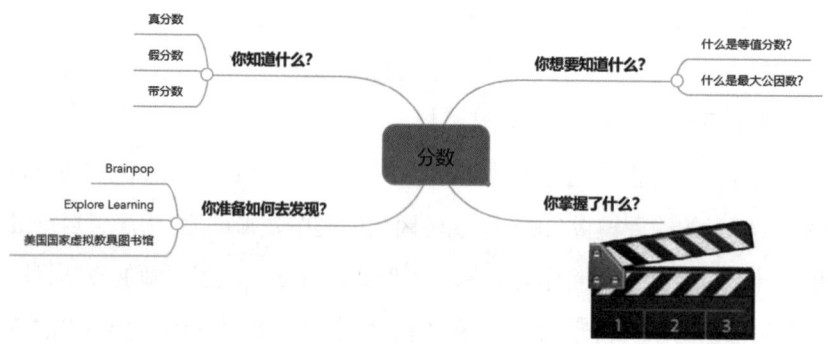

图 1.4　用 MindMeister 创建的 KWHL 网图

菲阿老师在他的计算机上创建了 KWHL 模板并将其分享给每个学生，学生可以在学校提供的个人专属的 iPad 上打开此模板。借助该图表辅助，学生可以对自己已有的知识有一个较为清晰明确的认识，从而进一步确定自己还想学哪些新知识。通过"你知道什么？"模块，菲阿老师能够对学生的相关学情有一个清晰的认识。"你准备如何去发现？"模块则促使学生去计划自己的学习步骤，并明确该从哪里以及如何去学习自己想学到的东西。

写作技能较弱的学生，包括那些有特殊需要的低年级学生和第二语言学习者，往往更擅长用图形和符号来表示他们的知识。在 Kidspiration 中，学生可以使用符号制作工具画出所需要的符号，也可以使用各种各样的线条、形状、画笔和颜色在画布上自由地设计任何一种图形符号。教师还可以在 Kidspiration 和 Inspiration 中通过插入、删除或创建新符号库来自定义符号库。例如，一名小学教师在为教学生阅读比尔·马丁（Bill Martin

Jr.）的著作《计数绳上的结》(*Knots on a Counting Rope*) 而备课时，找了一些合适的图形符号来描绘书的封面、背景和人物，并为学生建立了一个自制的符号库。学生通过利用 Kidspiration 创建的网图来展示他们在阅读之前和之后对这本书的了解。

要在符号库中插入自定义的符号，可采取以下步骤：

1. 找到**编辑 > 插入图形**，然后选择图形，将图形置于 Inspiration 文档中（在 Kidspiration 中，则是找到**教师 > 启用教师菜单**，然后单击**编辑符号库**与**导入图形**）。

2. 打开符号面板，并显示要将图形安装到的库。

3. 选择**使用 > 添加符号到库**。

4. 选择**标准符号尺寸**或**实际尺寸**，然后单击**确定**。

5. 当你的符号被安装后，它会出现在符号面板的底部，然后就可以像任何其他符号一样被正常使用了。

所有年龄段的学生都可以用自己的声音来记录新学到的想法和观点。在 Inspiration 中录制一段声音非常容易，只需选择与你的声音相关的符号或主题，然后选择**工具 > 插入视频或声音 > 录制声音**。当你准备好要录制声音或语音时，点击屏幕上的**录制**按钮即可。每次录制最多可持续一分钟。录制完成后，务必记得要点击**保存**。

由于该技术支持用户自行修改信息、编辑计划，并轻松添加新的学习内容，因此学生可以在整个单元的学习过程中都使用 KWHL 表格。

当你和你的学生制订个性化的学习目标时，Inspiration 中有两个模板是值得你去探究和使用的。第一个是"任务完成计划"模板，来自 Inspiration 9.0 或更高的版本，位于"思考与规划"文件夹中。马克斯菲尔德(Maxfield),一位高中的家庭经济学教师,采用了该模板(如图1.5所示)帮助学生开展一个名为"开发一款更好的麦片"的学习项目。学生通过小组合作开发一款新型的早餐麦片,要既有营养又能吸引消费者。该项目包含多个步骤和任务截止日期。此时,"任务完成计划"模板既可以帮助计划过程,明确要求和截止日期,又可以成为先行组织者。马克斯菲尔德的学生可以因此看到整个项目的全貌,并计划好在各阶段自己要完成的各项具体任务。且因为同组的同学都共享同一个Inspiration文档,所以他们可以检查彼此的进展,从而确保小组保持合适的进度。

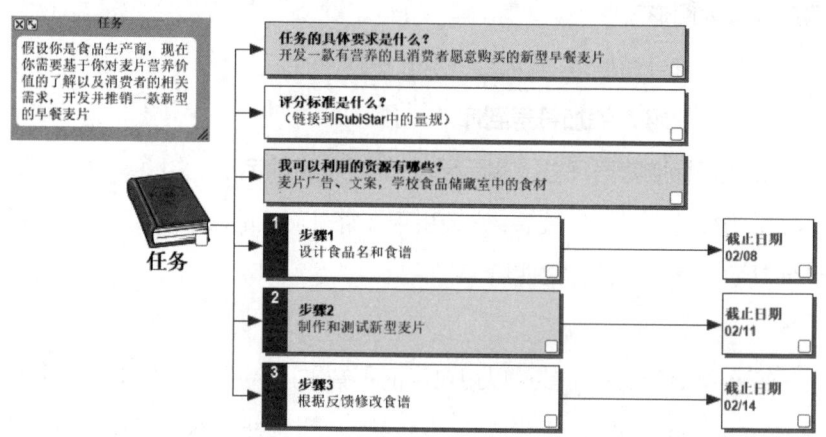

图1.5 用Inspiration的"任务完成计划"模板创建的目标计划

上述方法循序渐进,为学生组织自己的学习和设定个性化学习目标提供了好途径。它值得再次说明的好处是:对实现目标过程中的步骤进行命名和时间分配可以让执行过程更加具体,提高了任务完成的可能性。

Inspiration中第二个可以帮助学生个性化学习目标和计划任务步骤的模板就是"个人目标",它同样位于Inspiration 9.0及以上版本的"思考与规划"文件夹中。在图1.6所示的模板示例中,我们可以看到一个化学系学生是如何为自己的学习设定目标并确定步骤的。

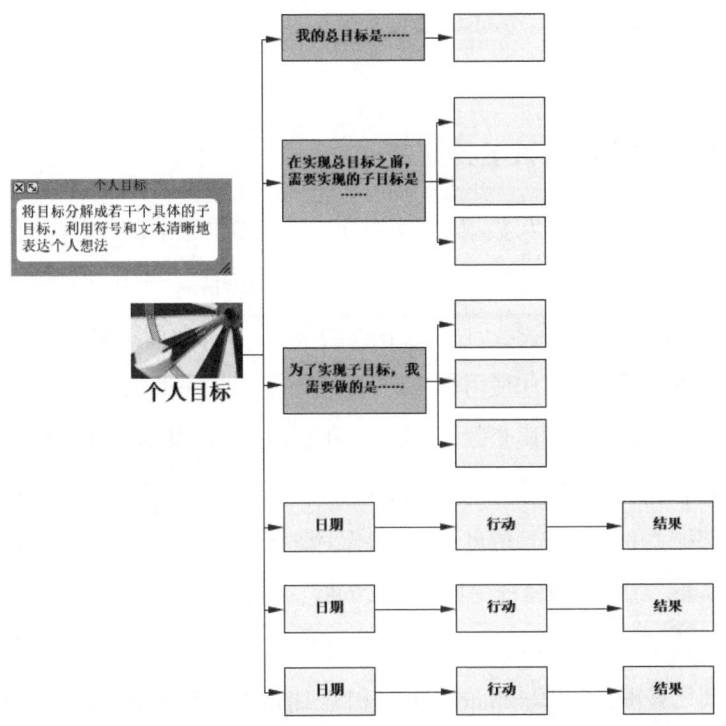

图1.6　Inspiration 中的"个人目标"模板

使用组织和头脑风暴软件的一个潜在障碍因素是许多家庭计算机上并未安装这些软件。当教师想用电子邮件把在该软件中创建的网图发给学生的父母，以期进一步深化课堂学习目标的交流时，家长往往打不开。所幸的是，有个简单的方法可以解决这个问题。Kidspiration 和 Inspiration 都允许用户将创建结果导出为一个图像文件，如 JPEG 或 PNG。

要将一个 Inspiration 文档导出为图像，只需选择**文件 > 导出**，然后选择**图像文件**选项。此时屏幕会要求你选择需要导出的文件格式（GIF、JPEG 或 PNG）。单击你想要的图片格式后，点击**保存**，图像就导出成功了。

导出的图片其实是 Inspiration 文档的快照，它可以被插入在文字处理应用程序中发送给家长，从而让他们了解教学目标以及自己孩子的个性化学习情况。

数据收集和分析工具

通过在线调查收集数据，你可以使学习者参与进来，收集和分析那些可以帮助设定有意义和个性化学习目标的相关信息。一旦你掌握了相关步骤，开展一项调查会是一件方便快捷的事情。大多数调查网站允许存档，所以你可以反复修改和使用你编制的调查内容。更重要的是，你可以从多个班级中收集同一类调查数据，这样有利于各个班级共享调查结果。

开展在线调查时还有一些注意事项。首先，内容要包含与所调查的学习专题相关的一些背景信息，以确保你对学生已有的学科知识水平有一个初步认识。其次，要设计一些开放式问题，以便从中发现学生的一些错误认识，而这可能就是你在教学中需要关注和解决的问题。最后，要保证调查时间足够短，以确保较高的回收率和学生能够完成调查的信心。

下面是我们为大家提供的一些免费的或者费用较低的在线调查网站：

SurveyMonkey

www.surveymonkey.com

在该调查网站上，任何人都可以快速便捷地创建一份在线调查问卷。它所提供的免费基础服务覆盖教师调查学生所需的大部分功能。

Poll Everywhere

www.polleverywhere.com

该网站支持调查结果的实时显示，并且支持被试用电脑或手机进行投票。

第一章
确立目标和提供反馈

◁ Socrative

www.socrative.com

该程序主要支持教师们创建调查、测验和投票项目。

◁ eClicker

www.bignerdranch.com/software/mobile/eclicker

该应用可在 iTunes 商店获取,支持教师创建测验和调查,允许学生在自己的 iOS 设备上通过免费的参与端应用进行投票。

◁ Google 表单

www.google.com/google-d-s/forms

这是 Google 推出的一款免费工具,可在 Google 文档中使用,允许用户创建调查或问卷,并且发送链接给被试者。调查得到的数据会显示在电子表格中,用户可以以图片的形式查看数据结果的总体情况。

那么,如何在课堂上使用数据收集工具来帮助目标设定呢?以 7 年级社会老师所罗门(Solomon)为例,他需要设定几个与第二次世界大战专题有关的学习目标。他准备将该单元的学习集中在重要人物和军事领导人的决策以及战争的主要转折点上,其中的一个转折点就是莱特湾海战,该战役也是目前世界历史上最后一次航母对战。这场海战的结果是,日本的岛屿和沿海陆域基本失去了日本海军和空军的保护。

这堂课可以以多种形式展开。所罗门老师决定使用 SurveyMonkey 来做一个调查,吸引学生参与,借此来评估学生的已有知识,发现他们存在的知识误区,并且根据他们的偏好来设定课堂目标。基于课程标准,他在调查中列出了五个可能的课堂目标,并特地参考了美国海军战史中心(The Naval History and Heritage Command)的相关研究(www.history.navy.mil/special%20highlights/wwiipacific/wwiipac-index.html)撰写了一份介绍。所罗门老师将调查以邮件的形式发送给每个学生，要求他们将其当作家庭作业来认真对待，并安排家里没有互联网的学生在上学前到图书馆完成调查(如果大部分学生都没有电子邮箱，则安排大家在学校的机房完成调查)。所罗门老师创建的调查如图 1.7 和图 1.8 所示。

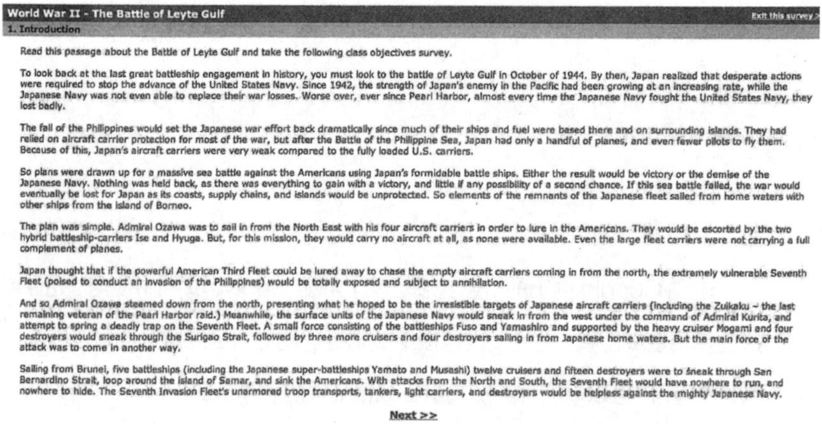
World War II - The Battle of Leyte Gulf

Exit this survey >>

1. Introduction

Read this passage about the Battle of Leyte Gulf and take the following class objectives survey.

To look back at the last great battleship engagement in history, you must look to the battle of Leyte Gulf in October of 1944. By then, Japan realized that desperate actions were required to stop the advance of the United States Navy. Since 1942, the strength of Japan's enemy in the Pacific had been growing at an increasing rate, while the Japanese Navy was not even able to replace their war losses. Worse over, ever since Pearl Harbor, almost every time the Japanese Navy fought the United States Navy, they lost badly.

The fall of the Philippines would set the Japanese war effort back dramatically since much of their ships and fuel were based there and on surrounding islands. They had relied on aircraft carrier protection for most of the war, but after the Battle of the Philippine Sea, Japan had only a handful of planes, and even fewer pilots to fly them. Because of this, Japan's aircraft carriers were very weak compared to the fully loaded U.S. carriers.

So plans were drawn up for a massive sea battle against the Americans using Japan's formidable battle ships. Either the result would be victory or the demise of the Japanese Navy. Nothing was held back, as there was everything to gain with a victory, and little if any possibility of a second chance. If this sea battle failed, the war would eventually be lost for Japan as its coasts, supply chains, and islands would be unprotected. So elements of the remnants of the Japanese fleet sailed from home waters with other ships from the island of Borneo.

The plan was simple. Admiral Ozawa was to sail in from the North East with his four aircraft carriers in order to lure in the Americans. They would be escorted by the two hybrid battleship-carriers Ise and Hyuga. But, for this mission, they would carry no aircraft at all, as none were available. Even the large fleet carriers were not carrying a full complement of planes.

Japan thought that if the powerful American Third Fleet could be lured away to chase the empty aircraft carriers coming in from the north, the extremely vulnerable Seventh Fleet (poised to conduct an invasion of the Philippines) would be totally exposed and subject to annihilation.

And so Admiral Ozawa steamed down from the north, presenting what he hoped to be the irresistible targets of Japanese aircraft carriers (including the Zuikaku – the last remaining veteran of the Pearl Harbor raid.) Meanwhile, the surface units of the Japanese Navy would sneak in from the west under the command of Admiral Kurita, and attempt to spring a deadly trap on the Seventh Fleet. A small force consisting of the battleships Fuso and Yamashiro and supported by the heavy cruiser Mogami and four destroyers would sneak through the Surigao Strait, followed by three more cruisers and four destroyers sailing in from Japanese home waters. But the main force of the attack was to come in another way.

Sailing from Brunei, five battleships (including the Japanese super-battleships Yamato and Musashi) twelve cruisers and fifteen destroyers were to sneak through San Bernardino Strait, loop around the island of Samar, and sink the Americans. With attacks from the North and South, the Seventh Fleet would have nowhere to run, and nowhere to hide. The Seventh Invasion Fleet's unarmored troop transports, tankers, light carriers, and destroyers would be helpless against the mighty Japanese Navy.

Next >>

图 1.7　用 SurveyMonkey 创建的前测调查介绍

友情转载自 SurveyMonkey.com

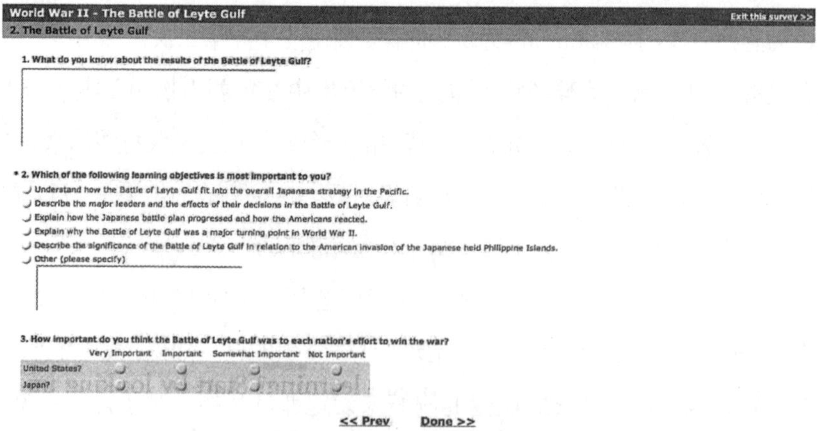
World War II - The Battle of Leyte Gulf

Exit this survey >>

2. The Battle of Leyte Gulf

1. What do you know about the results of the Battle of Leyte Gulf?

* 2. Which of the following learning objectives is most important to you?

- Understand how the Battle of Leyte Gulf fit into the overall Japanese strategy in the Pacific.
- Describe the major leaders and the effects of their decisions in the Battle of Leyte Gulf.
- Explain how the Japanese battle plan progressed and how the Americans reacted.
- Explain why the Battle of Leyte Gulf was a major turning point in World War II.
- Describe the significance of the Battle of Leyte Gulf in relation to the American invasion of the Japanese held Philippine Islands.
- Other (please specify)

3. How important do you think the Battle of Leyte Gulf was to each nation's effort to win the war?

	Very Important	Important	Somewhat Important	Not Important
United States?				
Japan?				

<< Prev　Done >>

图 1.8　用 SurveyMonkey 创建的前测调查

友情转载自 SurveyMonkey.com

第一章
确立目标和提供反馈

所罗门老师得到调查结果后会记录下学生的回答和反馈，然后将数据保存下来供下一年参考。在课堂上，他会和学生分享调查结果并选择两个最受欢迎的学习目标作为接下来教学的重点。同时，他会允许学生制订个性化学习目标，以此促进他们去思考哪些方面的内容对自己来说是最重要的。图 1.9 所示的调查结果最终帮助所罗门老师将课堂的学习目标聚焦到两点上，即"阐述日本的作战计划和美国的应对措施"以及"解释为什么莱特湾海战是二战的一个重要转折点"。在完成这两个主要学习目标的同时，他也会强调其他几个相关学习目标。

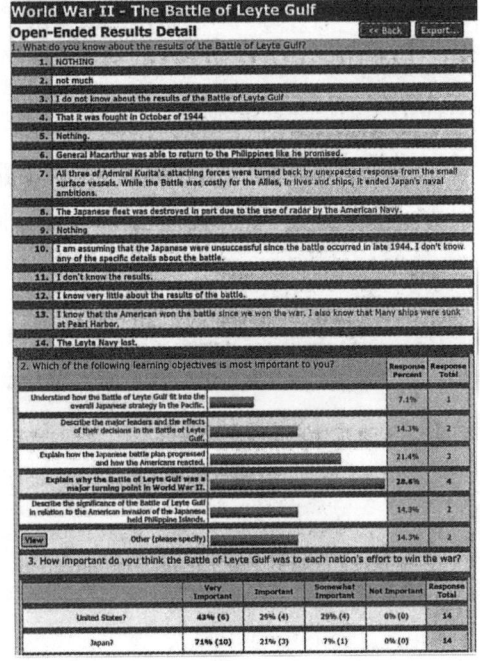

图 1.9　用 SurveyMonkey 创建的前测调查结果

友情转载自 SurveyMonkey.com

该调查还帮助所罗门老师发现了学生的知识误区，这些误区是在正式开始课堂学习之前就需要被纠正的。当他将调查结果分享给全班同学时，班内同学对于哪些才是最重要的学习目标展开了激烈的讨论。调查结果指引着所罗门老师后续几天的教学和评估工作。

数据库和参考资源

曾经，我们只能通过购买昂贵的书籍或资料来获取信息；而现在，我们可以在互联网上轻松地访问和搜索各类信息。在规划教学活动和制订目标时，你可以使用大量的在线课程资源作为参考。例如，你可以先获取在线的课程标准，然后将其修改转化为教学目标，最后将这些目标融入学生可以个性化定制的量规中。

你可以通过哪些步骤来将宽泛的课程标准和基准转变成引导学生个性化学习的量规呢？首先，查阅你所在学校、学区或国家的课程标准，或者参考美国基础教育的共同核心标准（Common Core）的内容。这里有两个在线资源或许可以帮到你：

◁ McREL's Compendium of Standards: Content Knowledge

www.mcrel.org/standards-benchmarks

McREL 是美国中部地区教育与学习研究所，它以开发课程标准而闻名。它的 K—12 内容标准和其他有价值的标准工具数据库被各学区乃至全美国范围内的教育工作者广泛使用。最近，McREL 已引入美国共同核心标准体系。

◁ Common Core

www.corestandards.org

通过该网站可以访问和浏览美国共同核心标准以及更多相关资源。

创建基于标准的目标

假设你是一名中学科学老师，你课程中的一项标准是"了解大气过程和水循环"，你可以通过上网访问 McREL 的"内容知识"（如图 1.10）了解相关的基准和指标，以便确立班级和学生个人的学习目标。

科学

标准 1． 了解大气过程和水循环

　　主题 1.地球系统中的水；2.季节、天气和气候

　　　水平三（6~8年级）
　　　基准 2． 了解水循环的过程（例如，蒸发、冷凝、降水、地表径流、渗透）及其对气候模式的影响
　　　词汇
　　　　A. 水循环
　　　　B. 水循环中的蒸发
　　　　C. 水循环中的冷凝
　　　　D. 水循环中的降水
　　　　E. 水循环中的地表径流
　　　　F. 水循环中的渗透
　　　　G. 气候模式
　　　　H. 水的物理性质
　　　　I. 冰雹
　　　　J. 污染物
　　　　K. pH
　　　　L. 溶解氧
　　　知识/技能陈述
　　　　1. 知道水循环的过程 [A] [P]
　　　　2. 知道蒸发过程是水循环的一部分
　　　　3. 知道冷凝过程是水循环的一部分
　　　　4. 知道降水过程是水循环的一部分

图 1.10　摘自 McREL 的"内容知识"

了解了相关学习指标后，你决定为这个学生项目设置以下三个目标：

● 目标 1：探究水的循环，制作一张适合打印的数字海报，用通俗易懂的方式描述水循环模式和过程的所有内容。

● 目标 2：借助海报作为视觉工具，准确描述水循环的五个主要过程，

以及它们如何成为一个相互依存的循环圈。

● 目标 3：借助海报作为视觉工具，正确阐释这五个主要过程是如何影响气候模式的。

创建量规

确立好目标后，你该如何和学生沟通这些目标呢？其中一个办法可以是创建量规。具体的、标准参照的量规能够让学生清楚地知道教师希望他们做什么。然而，这样的量规设计起来并不容易，往往会占用教师繁忙日程中很多宝贵的备课时间。幸运的是，有了技术的支持，教师仅需点击几下鼠标就可以高效地创建量规。

很多资源可以帮助教师和学生创建量规。以下是一些专门提供和设计量规的网站，利用这些网站可以创建多种多样的量规。

◢ RubiStar

http://rubistar.4teachers.org

这个工具对那些既想使用量规但又没有时间制作的教师很有帮助，因为它提供了适用于多类课堂且可供打印的一些通用量规。这些通用量规还可以加以修改和量身定制，你可以修改量规中几乎所有的既定内容以适合自己的目标。

◢ Tech4Learning

http://myt4l.com/index.php

该网站上有很多已经设计好的关于各种各样主题的量规；同时，它还提供了量规生成器供你用来创建自己的量规。

第一章
确立目标和提供反馈

准备好根据你的学习目标去建立一个量规了吗？在"了解大气过程和水循环"项目的目标中有要求学生制作和使用数字海报，所以在这个例子中，你可以去 RubiStar 上找到"创建一个量规"的模块，然后选择**产品**，再选择**做一张海报**，就可以在已有模板的基础上创建一个新量规了。同时，你需要将量规修改成适合初中生探究和制作水循环海报的版本。另外，你还需要根据已确立的目标，选择适合你课程需求的评估标准。值得注意的是，在你选择评估标准时，量规里的内容就会根据你的需求自动生成。当然，你也可以自定义文本或添加新的类别。最后，选择**提交**，你就可以生成属于你的量规了。量规生成器可参见图 1.11。

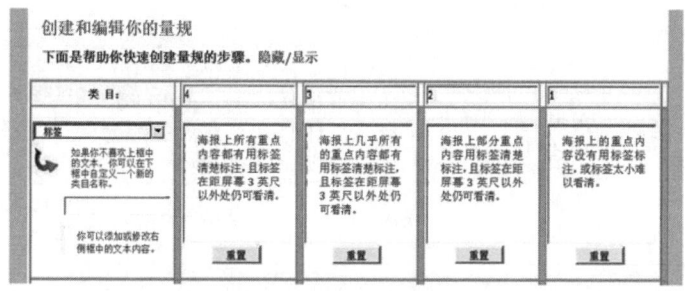

图 1.11　RubiStar 在线量规生成器

注：该教育资源的开发部分受美国教育部对堪萨斯大学学习研究中心先进教育和学习技术协会（Advanced Learning Technologies in Education Consortia, ALTEC）的资助，该学习研究中心包括区域教育技术协会（1995—2005）。Copyright 1995-2006 ALTEC at the University of Kansas.

当你完成所有的步骤并创建好量规后，你可以选择在线保存量规，直接打印，或者下载。完成好的量规可参见表 1.1。你也可以在这个过程中引导学生，让他们学会在班级整体目标的基础上按照个人目标进一步定制个性化量规。

表 1.1　RubiStar 中创建的量规

类目	4	3	2	1
整体概念和模式的描述	能够以通俗易懂并确切的方式清晰描述水循环完整的五个主要模式和过程	能够以通俗易懂并确切的方式描述水循环的几个主要模式和过程	能够以较为易懂和确切的方式描述少数几个水循环的模式和过程	对水循环的模式和过程了解较少，描述不够清晰和确切
过程和循环圈的描述	能够用可视化的海报精确描述水循环完整的五个过程以及各过程如何成为一个独立的循环圈	能够用可视化的海报基本描述水循环完整的五个过程以及各过程如何成为一个独立的循环圈	能够在一定程度上使用可视化的海报描述水循环的几个主要过程	对水循环的过程了解较少，缺乏对可视化海报的使用
气候影响的解释	能够使用可视化的海报正确阐释水循环的五个过程如何影响气候模式	能够使用可视化的海报正确阐释水循环的几个主要过程如何影响气候模式	能够在一定程度上使用可视化的海报阐释水循环的少数几个过程如何影响气候模式	对水循环的过程如何影响气候模式了解较少，缺乏对可视化海报的使用
图片：创意	有一些图片反映了学生在设计和展示方面独特的创意	有 1—2 处图片反映了学生在设计和展示方面独特的创意	学生自己制图，但设计的创意来自他人	图片不是学生自己制作的
图片：相关性	所有图片都和主题密切相关，且强化了展示的效果；所有引用的图片都有标明引用来源	所有图片都和主题密切相关；所有引用的图片都有标明引用来源	大部分图片都和主题密切相关，但仍有部分多余的图片；大部分引用的图片都有标明引用来源	图片和主题无关，或引用的图片没有标明引用来源

现在你已经知道如何创建一个基于标准的量规了，那就请到 RubiStar 的量规库中查看可供你使用或修改的量规吧！在屏幕顶部的菜单上点击**查找量规**，然后输入三个以内的关键词，你会被搜索到的量规数量所震惊。

第一章
确立目标和提供反馈

交流与合作软件

博客、电子邮件等交流与合作软件为你和学生确立和沟通目标提供了另一种新的途径。

电子邮件

电子邮件,虽然现在已经相对"过时"了,但无论是在校内还是校外,它仍是一个确立目标的简单且有效的方式。通过电子邮件确立目标的一个特点是所有信息可以被存储和记录下来,便于后期使用(如开家长会或教学评估时再用它)。电子邮件其实可以和那些用于确立目标的技术工具配合使用。例如,你可以和所在年级、学科或团队的教师合作,共同撰写一篇简讯并通过邮件群发给所有的家长(对于那些没有电子邮箱的家长,可以将电子邮件内容打印出来后让学生回家交给他们的父母)。你的简讯可以包含一块标准化的内容,概述即将要学习的课程主题和学习目标。确保家长了解课堂学习目标有利于使他们意识到自己是这个教学团体中非常重要的成员,也有助于家长帮助自己的孩子在家里专注于正确的学习目标。

这里我们来看一个例子,是有关一个小学的年级小组如何使用电子邮件和简讯来确立目标的。学年伊始,1年级教师从家长那里收集到了所有能获取到的电子邮箱。该年级小组发现,约92%的家长有电子邮箱并且在单位或家里都可以访问。接着,年级小组的成员会每个月轮流编辑一封1年级简讯,通过电子邮件群发给家长。该简讯包含来自校长的信息、学校的一般新闻、一些值得关注的问题、一些特殊学科领域(音乐、艺术、体育等)的新闻,以及有关社团、运动会或其他特殊主题活动的消息。

此外,1年级教师还会将此简讯的内容发布到每个班级的博客上,同时打印一份张贴在各班的教室墙上,每个月换一次,时间上跟发送家长邮件同步，这样可以方便家庭成员在家讨论。教师们要确保所有简讯都以下一个月的课程学习主题和学习目标总结为开头，因为这样做可以减少家长的抱怨和误解。另外，他们也注意到，启用电子邮件群发简讯后，家长的参与度在攀升。虽然仍有 8% 的家长因为不使用电子邮箱而靠孩子带回来的打印版简讯获取信息，但每个月里，有越来越多的家长用他们的电子邮箱向学校发送邮件，家长们已渐渐成为这个邮件群发系统的重要组成部分。

在这之前，家长曾屡次抱怨他们平日里经常被孩子们时不时从学校带回家的各种纸质简讯文件所困扰，有来自校长、各学科老师的，还有各种委员会的。而且，许多学生往往容易损坏或弄丢这些文件，或者忘记交给父母。一位老师说，她曾经在家长会上发现很多父母根本不清楚自己的孩子的学习目标是什么，当时她感到非常沮丧和失望。如果家长连自己的孩子要学习什么都不清楚，又怎么能奢求他们可以真正监督好孩子的作业、作品和学习呢？而如今，更多的家长则表示，他们收到并且会及时阅读这些邮件信息，因为所有的信息都集中在了同一个通信渠道，他们的困扰感大大降低。而且他们现在知道每个月大概什么时候会收到简讯，因此不用再担心因为孩子弄丢或损坏纸质文件而看不到消息。另外，除了课堂学习目标变得容易获取，一个额外的好处是学校之前用来买纸的资金和打印的时间可以节省下来用到其他地方了。

博　客

博客是一种在网络上发布的周期性日志（又称帖子），通常以倒序的时间顺序呈现，最新发布的内容会显示在第一条。我们还可以将博客看作是一个有着单个或多个撰稿人的网络日志。因为博客是个性化、动态的网页，它比传统的、静态的网页更容易维护和设计。使用博客就类似于组织一个在线的焦点小组。

第一章
确立目标和提供反馈

下面是一个例子。伯恩鲍姆（Birnbaum）是一位英语老师，她希望鼓励自己的学生在即将到来的寒假里多多阅读。于是她建立了一个班级博客，在上面发布了 10 本短篇小说的题目和内容简介，以及每本书需要达到的学习目标。然后她把任务布置给学生，要求他们上网查看博客，认真阅读日志内容，并从中任意选择 3 本小说在寒假里进行阅读。3 本小说读完后，根据教师给定的一个学习目标以及自己另外确立的一个目标，学生需要对所阅读的小说进行评论。选择相同小说的同学在同一个讨论区里发表评论，讨论内容会按发布时间排序。寒假结束后，伯恩鲍姆老师可以看到每个学生选择阅读的小说、确立和实现的学习目标以及参与讨论的内容。如你所见，博客不仅对学生确立目标很有帮助，同时也是支持学生个性化选择和学习的有效工具。最后，当学生回到课堂时，伯恩鲍姆老师会根据在博客上已经开展的在线讨论情况再进一步对每本书进行更深入的探讨和讲解。这样做的目的是让学生对他们没读过的书也能产生兴趣并有所了解，从而使他们对自己未选的那些书籍也能够在线发表评论。

线上有很多免费服务可以指导你根据基本步骤去建立一个博客。大多数博客网站不需要下载任何软件，它们只需要 Internet 浏览器就可以使用。以下列出的是免费博客服务包括的一些共同特性和功能：

- 可选择各种主题颜色和模板样式。
- 拥有博主的基本信息和个人主页链接。
- 可设置评论／阅读权限（如公开、分组可见、仅自己可见）。
- 可设置评论类型（匿名或实名）。
- 延迟加载、删除或屏蔽用户的评论。
- 发帖显示博主或用户的图片、头像。
- 取消横幅或弹出式广告。

如果你愿意或能够支付一小笔费用，你将拥有更多的功能，如组织在线调查和扩展存储空间等。不过，这些免费服务基本上也足够满足课堂教学的需要了。

最后，想要了解如何使用博客来确立目标，最好的方式是看一看其他老师是如何跟班级成员一起使用博客的。下面是一些供你浏览和参考的班级博客案例。在这些创建博客的老师中，有许多都还只是处于和学生一起探索博客潜在教育应用价值的初始阶段。当你在钻研这些网站例子时，你也可以想一想，你和学生可以怎样去使用博客。

Mr. Mackey's Science Blog

http://mrmackeyscience.blogspot.com

这个科学课程博客是一个服务于8年级科学教学各方面的综合性网站。该博客主要用来发布跟科学有关的时事、新闻、评论以及有用的链接。

The Edublogger: Check Out These Class Blogs!

http://theedublogger.com/check-out-these-class-blogs/

这里收集了各种各样的班级博客样例，并且会定期更新。

Learning Is Messy

http://learningismessy.com/blog

运行这个网站的老师布莱恩·克罗斯比（Brian Crosby）展示了他是如何用博客给学生提供反馈并帮助他们创建个人学习数字档案的。

提供反馈

围绕评估标准为学生提供正确、及时的反馈，并让学生共同参与这个过程，这样做有利于创造一个支持有效学习的课堂环境。本节中涉及的课堂教学实践重在强调提供反馈的目的是让学生知道针对某个特定的学习目标，自己的学习表现如何，从而促使他们能够进一步完善自己的学习表现。

关于如何在课堂教学中开展这一策略，我们提出了以下四条建议：

建 议

- 为学生的正确行为提供正面反馈，并详细告知其今后的努力方向。
- 根据学生要求及时合理地提供反馈。
- 提供标准参照的反馈。
- 鼓励学生互评与自评。

研究表明，课堂环境中，教师反馈越及时，其对学生的行为影响越大（Kulik & Kulik, 1988）。技术在提供这种反馈方面可以起到极其有效的作用。例如，游戏和仿真模拟让教师和学生在学习过程中几乎可以获得即时性反馈，有利于立即纠正误解。这和传统教学中直到课堂、单元或学期结束才提供反馈的方式完全不同。有了技术的支持，我们不仅可以更容易地完成各种反馈工作，还可以在任何时间、任何地点提供反馈。

在本节中，我们主要阐述可以促进和强化学生与教师间反馈过程的一些技术资源，包括文字处理应用程序、数据收集和分析工具、数据库和参考资源、教学媒体、教学交互以及交流与合作软件。

文字处理应用程序

许多教师和学生会使用文字处理器作为写作工具，其实这些程序也可以提供强大的即时反馈功能。例如，在 Word 中，教师和学生可以通过使用"修订"和"插入批注"功能提供和收集多人的反馈信息。

图 1.12 显示的是一名名为凯伦（Karen）的学生收到的来自两名同伴对其文章的评阅反馈。在该软件中，不同评阅人的反馈意见会以不同的颜色呈现，作者则可以参考这些批注，对自己的文章进行修改。例如，凯伦可能会接受其中一些建议，同时也会拒绝一些建议。

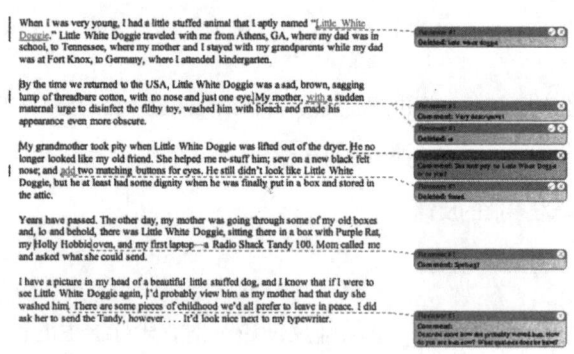

图 1.12　带有修订标记和批注的 Word 文档

要在 Word 中使用修订功能，可以选择工具栏上的**审阅 > 修订**（"修订"的图标由一张带有红色线条的纸和一支铅笔组成）。要插入批注，可单击"**新建批注**"。修改后文档的界面效果如图 1.12 所示。如若将文档保存在小组共享文件夹里，还可以使全班学生便捷地访问彼此的成果、接收老师和其他同学的反馈或给他人提出反馈。

在 Word 中还有一个有用的工具就是弗莱士－金凯德可读性量表（Flesch-Kincaid Readability Scale），它可以统计一篇文章的语句长度和词汇数量。当这个工具被启用后,每当学生运行拼写检查时,该软件都会显示统计到的信息,并分析出该文本的"易读度"和对应的"年级水平"。学生刚开始使用这个工具时可能会对自己的得分水平非常感兴趣,但最主要的还是在于通过这个工具,学生可以得到关于自己写作水平的反馈。图1.13 显示的即为该工具对凯伦所写文章做出的可读性统计。

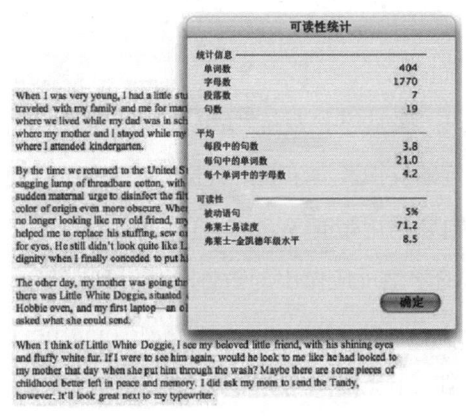

图 1.13　Word 中的可读性统计

要使用此功能,找到**文件**菜单后选择**选项**,然后选择**校对**,勾选**显示可读性统计信息**后,再点击**审阅 > 拼写和语法**,就可以显示可读性统计结果了。

一旦学生知道了文章的可读性水平,他们就可以在上交之前再做修改和完善,尤其会关注用词和多样化表达(此外,你还可以鼓励学生使用 Word 自带的同义词词典或借助于网站 www.visualthesaurus.com 来提高自己的用词水平)。从上图的可读性统计结果中我们可以看到,凯伦的文章一开始得分为 8.5 分。当她根据同伴和教师提出的反馈进行修改之后,该文章的最终版本得分上升到了 10.2 分。显而易见,这项功能可以像吸引人的游戏挑战一样帮助学生完成反馈和修改过程。

数据收集和分析工具

一对多教学形式一直存在的一个遗憾就是教师难以做到为每个学生提供具体的、即时的反馈。数据收集和分析工具在这一点上可以带来很大的帮助。

课堂应答系统

教师可以使用"课堂应答系统"（也被称为"学生应答系统"）来即时地收集和传递特定的反馈。为了收集数据，一些系统会使用一组硬件遥控装置，还有一些则会利用带有 Web 浏览器的装置。不论哪一种装置，系统都会对收集到的学生反应做出即时性分析。现在普遍流行的课堂应答系统有 eClicker, eInstruction, Eduware, Promethean 和 Renaissance Learning 等。例如，下文出现的屏幕截图就来自 eClicker，它可以在多种类型的设备上运行，并支持在 iPad 上使用。虽然还有许多其他的技术工具可以选择，比如建构式应答系统（constructed response）和成绩单整合系统（gradebook integration），但 eClicker 使用起来更加便宜和方便。

课堂应答系统可以通过多选题来评估学生各个层次的认知水平。虽然多选题常被用来测试学生对简单事实和词汇的理解水平，但其实只要设计恰当，它也可以被用来评估布卢姆分类中的所有认知水平，包括从记忆到创造。

来看一下这个例子：福克（Faulk）是一名小学 3 年级教师，他在他的 iPad 上用 eClicker 创建了一份形成性评价单，用来测试学生对动物分类的了解程度。评价单内容如下：

1. 有脊椎的动物叫作_____。
2. 没有脊椎的动物叫作_____。
3. 以下哪个动物是脊椎动物？
4. 以下哪个动物是无脊椎动物？
5. 以下哪一项不属于脊椎动物的类别？
6. 这一类别的脊椎动物一生都用鳃呼吸，它们是卵生的。
7. 这一类别的脊椎动物一部分时间在水里生活，一部分时间在陆地上生活，它们是卵生的。
8. 这一类别的脊椎动物大部分时间都在陆地上生活，它们多数都是卵生的，但也有少数是胎生的。它们用肺呼吸，是冷血动物。
9. 这一类别的脊椎动物是恒温动物。它们是卵生的，用肺呼吸，体表覆盖着羽毛。
10. 以下哪一项不是哺乳动物的特征？
11. 老鼠属于脊椎动物中的_____类。
12. 壁虎属于脊椎动物中的_____类。
13. 鲸鱼属于脊椎动物中的_____类。

值得注意的是，问题的排序是按照从基本的记忆性任务到更高阶的理解和分析性任务的逻辑来设置的。福克老师可以给每个问题都插入一些答案选项，也可以选择插入图片。图 1.14 显示了他在 iPad 上用 eClicker 创建和编辑问题的界面。

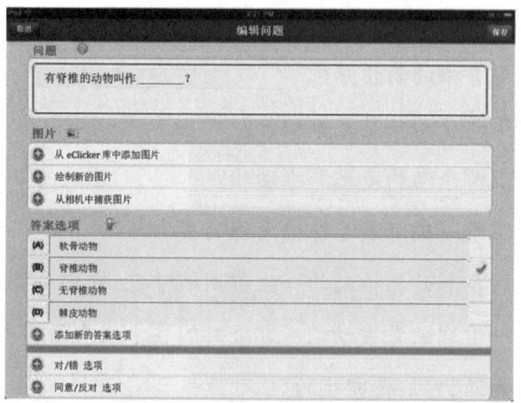

图 1.14　eClicker 中的问题编辑界面

完成编辑后，福克老师将链接提供给全班。每个学生使用 iPod Touch 打开后，要在规定时间内完成这些题目。学生的答题界面如图 1.15 所示。我们可以看到福克老师在这次测试中用图片来提高学生的答题兴趣和积极性。

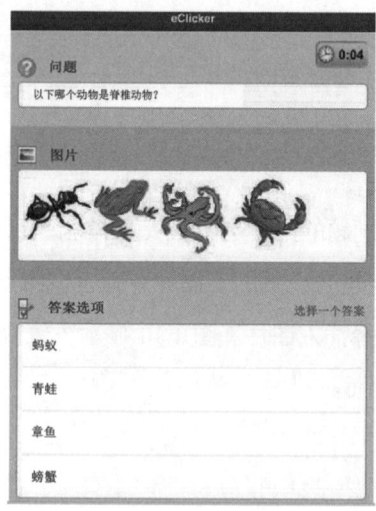

图 1.15　eClicker 中的学生答题界面

测试期间，学生会得到即时的反馈，并且可以查看每个问题的对错情况。在测试结束后，每个问题的回答情况都会通过统计图呈现，教师可以随时查看。图1.16显示的是问题"以下哪个动物是无脊椎动物？"的回答情况统计结果。

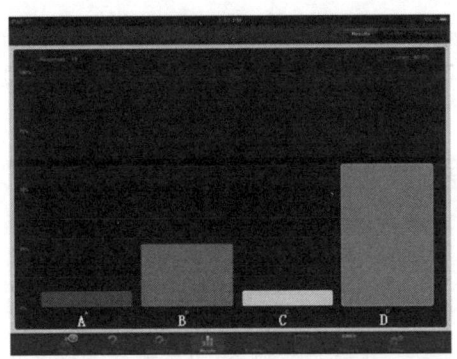

图1.16　来自eClicker的测评统计结果

正如图中所示，还有一定数量的同学认为蛇（B）是一种无脊椎动物，而没有选择正确答案海星（D）。这个结果给教师一个很好的反馈，告诉他需要重新审视一下这堂课的教学内容并及时为学生纠正知识误区。福克老师可能会引导学生去利用一些在线资源，比如 www.brainpopjr.com/science/animals 或 www.sheppardsoftware.com 等，让他们在进行深入的学习后再做一次测试。

在学习完动物分类之后，福克老师将会提出更深入的问题来评估学生是否能够综合应用所学的知识或进行评价。以下是福克老师提出的几个高阶问题：

1. 想象你在一个气候干燥的地方行走时，看到了一个你从未见过的动物正坐在一块岩石下方。从它的身体形状、头上方的眼睛和皮肤质感来看，你初步判断它应该是一种爬行动物或两栖动物，但你不知道具体是哪一种。在不危及自己和伤害动物的前提下，你会怎么去找出这个答案？

a. 问一问当地人附近是否有（或一年中某个时间有）溪流或湖泊。

b. 摸一下那个动物，看看它的皮肤是湿润光滑的还是干燥粗糙的。

c. 观察那个动物吃什么。

d. 观察那个动物对水的反应。

2. 进化论认为，地球上的生命都是由简单的海洋生物或水生生物进化而来的。根据这一理论，以下哪个表述是合理的？

a. 海洋中的一切生物都比陆地生物更早存在。

b. 陆地生物比海洋生物更复杂。

c. 爬行动物比两栖动物更晚出现，因为它们可以在陆地上生存。

d. 海洋生物更能适应自己的生存环境，因为它们的进化时间比陆地生物更长久。

在回答这类问题时，福克老师会要求学生在选择答案之前先跟同伴进行交流和讨论，这样的同伴合作是为了增强学生课堂讨论和协同学习的能力。我们鼓励教师也能以这样的方式来使用课堂应答系统，激发学生的讨论，并邀请他们就自己的回答展开辩论。这不仅能够给学生提供匿名回答的机会，也能够让他们从课堂讨论和辩论中有所收获。或许你会惊讶地发现，好多以前在传统问答中较为保守的学生，在使用课堂应答系统之后，都开始积极地参与学习活动了。

第一章
确立目标和提供反馈

评分软件

许多制造商一直在致力于开发可用于各年级水平的、更加强大和智能的评分软件。在大学里，一些新的工具已经被用于给学生的论文或其他大项目作品进行打分——这类打分曾一度被认为只能通过人工才可以完成。Vantage Learning、Maplesoft、美国教育考试服务中心（Educational Testing Service）和 SAGrader 等是这类软件的主要制造商。这类软件在提供评估和有效反馈方面确实表现出了巨大的优势（Aleven, Ashley, Lynch, & Pinkwart, 2008）。研究表明，计算机打分和专家打分之间存在着强相关性（Adam, 2001）。有案例表明，教师在课堂上使用 Vantage Learning 开发的 MY Access！软件有效提高了学生的写作水平，并大大增加了学生在写作中的投入时间（High Schools Plug into Online Writing Program, 2003）。

评分软件还可以打破传统的课堂学习方式。例如，作文自动评分系统非常适合远程学习环境——学生在短短几秒内就可以获取有关作文的反馈，清楚哪些地方存在不足和错误，需要修改或重写，这样就可以在上交终稿前做出重要的修改和完善。如果说计算机辅助测试已成为高校常态，那么我们期待基础教育阶段也能早日采取这种做法。

数据库和参考资源

鉴于我们在确立目标一节已经对量规进行了较多的讨论，我们在这里就不再赘言了。但我们必须强调量规对确立目标和提供反馈的重要作用：量规提供了具体的评估标准，教师可以依据这些具体的内容给出相应的具体反馈，而不只是一个简单的成绩或分数。此外，我们也鼓励在同伴评价中使用量规。当学生学会合作学习时，教师需要为其提供脚手架，帮助其学会如何积极友善地为同伴提供具体的建设性反馈。

| 技术促进课堂有效教学
USING TECHNOLOGY WITH
CLASSROOM INSTRUCTION THAT WORKS

教学媒体

在教学媒体的辅助下，学生可以通过多种途径来浏览知识点、操练技能或深入学习某个自己非常感兴趣的新内容。他们可以将自己的作品、想法、报告或其他内容以多媒体的形式发布到网络上，供他人浏览和评论，以此来收集各种有价值的反馈。这些反馈可能来自任何一名学生、教师、家长或校外专家。目前较受欢迎的教学媒体平台包括 schooltube.com，vimeo.com/videoschool，facebook.com 和 voicethread.com。

课堂教学中提供反馈的一个重要途径是鼓励学生反思自己的学习，给同伴反馈并接受来自同伴的反馈。技术不但能支持单一地点内的同伴反馈、小组讨论以及评论的收集和共享，还可以促进班级内，甚至世界各地学生之间的互动。这里举的例子是 voicethread.com，一个在线媒体网站。利用该网站，用户能够将各种类型的媒体资源（图像、文档、视频等）聚合成一个作品。人们可以使用语音（通过麦克风或电话）、文本、音频文件或视频（通过网络摄像头）等四种不同的方式对这些作品进行评论，视频甚至可以在 DVD 或有视频播放功能的 MP3 上离线播放。威克斯（Weeks）是一名小学 5 年级教师，她想让学生在反思自己学习目标的同时，也能得到各自家长的反馈，所以她在寻找能让家长更多地参与孩子教育的办法。为此，她说服校长允许她使用 VoiceThread 来代替传统的家长会（当然，如果家长希望面对面交流，威克斯老师也是欢迎并鼓励的）。

凯特琳（Kaitlyn）是威克斯老师班上的一名学生。在威克斯老师的鼓励下，她在 www.voicethread.com 网站上搜索了"如何创建一则 voice thread"的内容。搜索结果让她找到很多教师创建的例子，与此同时威克斯老师还为其推荐了一个之前自己研究过的好案例。于是，凯特琳创建了自己的 voice thread，她向父母报告了她在每个学科上的学习表现，并希

第一章
确立目标和提供反馈

望他们能够用同样的方式给予反馈。在整个汇报中,凯特琳讲述了她的学习情况,反思了自己取得的进步和接下来会面临的挑战。凯特琳的汇报可以在 voicethread.com/share/346039 上找到。图 1.17 显示了她汇报时用的幻灯片视图,但没有显示评论。

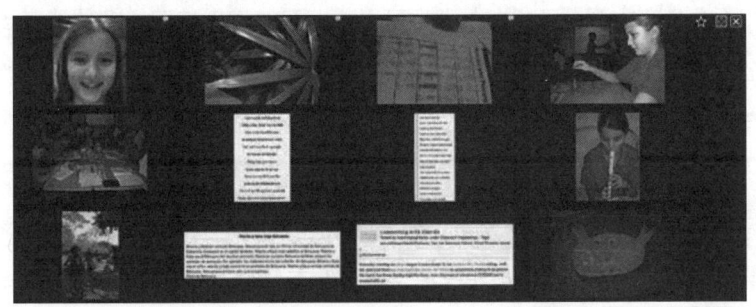

图 1.17 凯特琳的学生－家长交流汇报

凯特琳的例子只是展示了用 VoiceThread 收集反馈的一种方式而已。此外,VoiceThread 还可以用于教师和每个学生之间的一对一评估,或是作为合作学习小组的头脑风暴平台和项目演示工具。

教学交互

在本小节中,我们主要呈现一些能提供即时反馈的测验和游戏类网络资源或应用。教育工作者和家长有时会对游戏在教育中的应用表示担心,他们之所以会这样想,可能是因为一开始就带着错误的观念,即"课堂上玩游戏"一定会让学生沉迷于电脑或电视屏幕,从而影响真正的学习。但事实是,只要我们对游戏和仿真模拟加以慎重挑选,它们是可以实现寓教于乐的。别忘了医生、军人、飞行员甚至是客户服务代理人都是通过仿真模拟和游戏来进行培训的。更何况,已有不少研究表明,把游戏和仿真模拟应用到中小学课堂确实可以对学生的学习动机、注意力保持度、迁移

49

能力以及技能水平产生积极的影响（Halverson, 2005; Klopfer, 2005; Prensky, 2000; Squire, 2001）。而且许多教育游戏和娱乐游戏都涉及 21 世纪需要的技能，例如解决问题的能力、与其他玩家合作的能力以及规划能力等（Klopfer, 2005）。计算机作为"教育指导者"的另一大特点就是，它们不会带有主观性。例如，学生可以一遍又一遍地练习一项技能直到他完全掌握，只要他自己愿意和有这个需要，计算机永远不会像真人教练一样产生沮丧或不满等消极情绪。

iTunes 商店中有太多这样的应用程序可供获取，它为学生的游戏化学习提供了丰富的选择。例如，palasoftware 公司的 MathBoard 为学生提供了一系列数学问题以及一个"黑板"练习区供其解题使用。如果学生有一个问题解错了，"问题解决者"功能会按照解方程的步骤来指引他们找出和纠正错误。通过这种方式，学生既能练习基本的数学能力，又能获得有关复杂知识概念的反馈。下面是一些较流行的具有交互反馈功能的学习应用程序，可在 iPhone 和 iPad 上使用：

- Intro to Math and Intro to Letters by Montessorium
http://montessorium.com/
该类应用汇集了蒙台梭利教学中用来帮助学生学习字母和数字的教学材料。

- Flashcards Deluxe by OrangeorApple.com
http://orangeorapple.com/Flashcards/
该应用允许学生为任一学科建立自己的虚拟抽认卡。当学生使用抽认卡时，该应用会给予反馈，让学生知道自己究竟是立刻回答正确的，还是犹豫后才回答正确的，又或是回答错误了。

第一章
确立目标和提供反馈

除在 iPhone 和 iPad 上使用的应用程序外，还有许多网络在线游戏可以为学生提供基本技能和概念方面的反馈。下面是一些例子：

◢ Math Playground

www.mathplayground.com/index.html

这是一个面向幼儿园至小学阶段学生的动感十足的数学学习网站，它提供了许多引人入胜的游戏，鼓励学生挑战自我。

◢ ExploreLearning

www.explorelearning.com

这个网站面向的对象是 3—12 年级的学生和教师。ExploreLearning 允许学生使用 Gizmos（一种虚拟教具）来进行科学和数学的实验。在教程指导下使用过 Gizmos 后，学生要进行一个小测验。他们的回答会得到评估，之后他们会收到详细的反馈。虽然这是一个需要订阅的网站，但注册即可得 30 天免费试用的机会。相关研究表明，计算机仿真模拟是传递数学和科学信息的理想媒介（Cholmsky，2003）。

◢ Cut The Knot

www.cut-the-knot.org/games.shtml

这个网站是为关注数学学习的教师、家长和学生创建的。它内含近 700 个小程序，阐述各种数学知识。一个小程序就是一个软件组件，可在另一个程序上运行，例如 Web 浏览器。这些小程序通常只执行一个非常小的功能，但它能在任何计算机的浏览器上运行。

此外，还有其他一些网络资源也能以多媒体的方式提供交互信息，并能检测学生对学习内容的基本理解能力等。我们会在本书的其他部分对这类资源展开详细介绍。在这里，我们主要为大家介绍两个很重要的资源，因为它们真的为学生提供了非常丰富和即时的反馈：

BrainPOP
www.brainpop.com

这是一个订阅制的教育资源网站，提供了科学、社会、数学、英语、健康和技术等各领域主题的短片。短片采用了清晰的 Flash 动画来阐述概念，并突出强调新词汇。看完短片后，学生可以进行一个简短的测验并将测验结果用邮件发给老师，有需要的话还可以重新观看短片并重测多次。当然，BrainPOP 也提供了一些免费短片和免费试用的机会。

BBC Skillswise
www.bbc.co.uk/skillswise

该网站主要为幼儿园至小学阶段学生强化数学和语言能力提供相关资料、互动小应用、游戏和测验等资源。每个测验分为三个层次，学生学会一个技能后可以进阶到下一层次，这对教师提供差异化教学和评价十分有帮助。

交流与合作软件

博客、维基、电子邮件、视频会议和社交网络等交流与合作工具可为学生提供及时、互动和标准参照的反馈。这类软件有着不同的课堂应用价值。例如，班级博客廉价且易于维护和管理，不需要网页开发技能。维基类似于博客但更灵活，它是团队合作的一种方式，针对某一给定主题，团队成员可以贡献自己的内容并快速访问相关内容。且维基允许所有用户方便地添加和编辑内容，所以它特别适合协同写作和基于项目的学习。维基之所以能成为一个独特且强大的学习工具,主要是因为它有稳定、持续的反馈机制。因为它是基于网络的,贡献者也不需要在同一个地域或者同步工作。电子邮件的优点在于它能提供一个双向通讯的书面记录,且易存档。至于视频会议,它已被广泛用于远程教学和教师专业发展培训中;同时,它在中小学教育中的应用也在增多。视频会议允许两个及以上地方的人通过双向视频和音频传输实时交流与互动,它能够将农村社区、远程教室以及来自世界各地的学习资源和课程专家连接在一起。

下面让我们来进一步了解这几个交流软件。

博客和维基

博客(blog,web log 的简称)是一个网站,内容由用户依照一定规范发布,并以倒序的方式呈现。像其他媒体一样,博客通常关注某一特定的主题,例如教育、技术或政治。而博客与其他类型的网站的不同之处在于,博客由博主发起讨论,然后请读者回复帖子。虽然博客有展示图片甚至视频的附加功能,但在博客中最好还是采用文本形式发布内容。博主可以设置他人对帖子的评论权限。

如果你希望班级博客互动频繁,你必须启用评论这一功能。但你可以设置只允许某些注册用户(你的学生)发布内容,而阻止其他人发布。当然,你也可以将你的班级博客设置为面向所有人开放。但请记住,面向公众发布的帖子有时会收到不明来源的不适当评论(网络恶意攻击)。

我们建议教师先向学生明确他们可以在班级博客发布何种内容,并确保学生了解所在学校或地区颁布的可接受性言论的相关政策。通常情况下,阻止学生在博客中发表评论足以避免学生发布不当或具有攻击性的言论。不过,作为博客管理员,你可以对学生的帖子内容进行审核和筛选后再允许其发布。而且,不适当的评论也没有你想象的那么严重,只要确保学生实名制发表评论,一般问题就不大,毕竟大部分学生不希望自己在发布一个面向所有学校和家长公开的攻击性内容时暴露自己的真实名字。

　　这里有一个诗刊博客的例子。吉尔根(Jeargen)是一名中学英语教师,她在班级博客上面发布了一项任务——让学生写诗。于是,学生在回复中都附上了自己的诗。接着,吉尔根老师又在博客上发布了诗的评价量规,并在课上向学生解读了该量规。之后引导学生评阅同伴的诗作,并要求其参照量规对三个同伴的作品提出基于标准的反馈。通过这种方式,学生接触到了同伴的作品,并及时给予反馈,自己的作品也接收到了有意义的反馈。评价活动结束后,吉尔根老师关闭了该板块的评论功能,以免学生进一步发表不相干或不当的评论,同时在每首诗的最后一条评论中,她给出了自己基于标准的反馈。接着,她又另外发起一个新的讨论板块,要求学生在回复中发表他们改后的诗的最终稿。之后再次关闭评论。这样,这个内容板块就可作为最终的作品集,供其他班级的师生、家长以及社区浏览和查看。图1.18所示的流程图描述了该学习项目的任务进行过程。

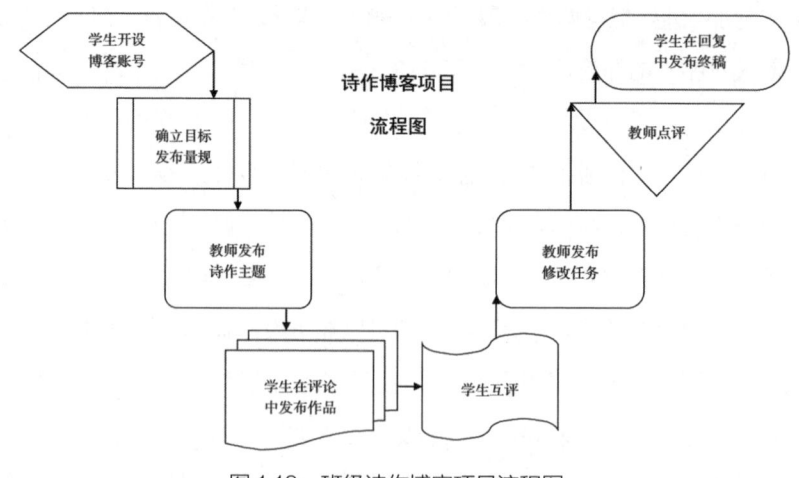

图1.18　班级诗作博客项目流程图

第一章
确立目标和提供反馈

维基类似于博客，但它更灵活。它允许所有用户轻松地添加和编辑内容，它尤其适合协同写作和基于项目的学习。维基持续、稳定的反馈机制使得它成为独一无二的强大学习工具。因为维基基于网络，贡献者不需要在同一地区或同步工作。

下面是一些值得推荐的博客或维基资源：

↗ Google 协作平台

http://sites.google.com

Google 让创建一个免费的班级网站变得简单又直观。登录该网站后，只需单击**创建**，从所提供的模板中选择一个模板，然后填写必要的字段即可。

↗ Wikispaces

www.wikispaces.com

Wikispaces 是一个可以让人们一起轻松地创建网页的地方。任何人都可以免费加入该网站，创建一个空间，然后在几分钟内就开始贡献自己的内容。

↗ PBworks

http://pbworks.com

这是一个用户友好型的维基服务网站。登录该网站后，点击**教育**可查看班级使用的相关信息。免费网站最多可拥有 2000 兆字节的存储空间和 100 个用户容量。更多的存储空间可通过付费获取。

↗ Moodle

www.keytoschool.com/moodle/

Moodle 是一个宿主程序（软件赖以生存的运行环境），允许教师为学生创建在线课程。该系统免费，并在全世界范围内十分流行。

电子邮件

教师可以随时随地通过电子邮件向学生发送反馈。没有家用电脑的学生也可以创建一个基于网络的免费电子邮件账号(如 Gmail),然后利用教室或图书馆的电脑获取邮件。

我们来看一个例子。邓拉普(Dunlap)老师是一名高中的公民学教师,他想在总统日的三天假期里和班里的学生保持学习上的联系。他要求学生在周五之前完成一篇关于政府行政部门的小作文,并通过电子邮件向他提交文章(文章要以 Word 文档的形式附在邮件附件中)。邓拉普老师在闲暇时收取学生的文章并对其进行批改和打分,然后将批改好的文章在周日下午用电子邮件发回给学生。学生通过这种方式收到的反馈包括文章本身的批改记录以及教师在邮件中对文章做出的评价。如果某个学生的文章表现出该学生并没有完全理解该学习任务,邓拉普老师还会将作文的评价量规附在附件中一并发送给该学生,帮助他更具体地理解该任务的内容和目标。他还会通过抄送的方式将邮件一起发送给家长,轻松地帮助家长了解孩子学习任务的完成情况 —— 电子邮件会保留所有交流记录,并标有具体的文章提交和回复日期,因此家长可以随时查看。此外,所有来往的文件都是电子的,所以教师不需要被一堆纸质材料所困扰。可见,使用电子邮件提供反馈可以既有效、及时,又具体。

视频会议

视频会议往往是连接某种独特的专业领域、文化环境或地理位置的理想方式。例如,西班牙语老师瓦伦扎(Valenza)想给学生提供一个实际交流对话的体验,于是她利用 Skype 软件(www.skype.com)安排她班级的学生同西班牙姐妹学校某英语班的学生开展一次视频会议。在视频会议过程中,瓦伦扎老师班里的学生和英语班的学生各用西班牙语和英语表演了短剧。随后，双方教师针对两个班学生在短剧和语言使用方面的表现分享了自己的评价和反馈，并鼓励学生积极提问（美国学生用西班牙语，西班牙学生用英语）。之后，两个班的学生通过博客给对方班的同学提出反馈，他们仍然要使用对方的母语来交流。这样美国学生既通过视频会议从教师那里收获了有价值的反馈，也通过博客从西班牙学生那里获得了相应的反馈。

对学生而言，像这样从真实的互动者那里收获反馈给予了他们强大的学习动力。学生通过教育技术还可以接触到更多其他类型的真实互动者，包括诗歌俱乐部、科学家和历史社会组织等。教师们可以在网上找到很多免费的程序来帮助他们开展视频会议，例如Skype（www.skype.com）、iChat（只能在Mac电脑上使用，www.apple.com/macosx/apps/all.html #ichat），以及Google Video Chat（www.google.com/chat/video）等。

社交网络

社交网络是学生在课外交流的主要方式之一。像Facebook和Twitter这样的网站对学生而言就如同手机对于老一辈的人一样，都是用来交流的工具。然而，许多学校倾向于认为这些网站是有危害的，并试图阻碍学生加以访问。

其实，社交网络有着明显的教育优势。利用它们，学生能和真实的、来自世界各地的人们进行互动，能够及时给予和接受反馈，以及能够进行深入对话等。在传统的课堂上，一个世界历史老师可能会给他的学生布置一项写作作业，然后，学生可能写一两段话交差了事。不同的是，如果教师通过Twitter发布任务，之后，学生在回复中发布自己写的内容时，因为知道这些内容会被其他同学看到，可能会更认真地对待自己所写的内容。此外，学生还可能会时不时地到Twitter上查看大家的讨论情况，看看其他同学发布了什么内容以及是否有同学回复自己等,这样会降低学生忘记作业的可能性。

　　许多教育工作者曾无奈地表示,本章中提到的许多工具在他们的学校或学区被禁止使用。对此,我们认为,政策制定者不能盲目禁止社交网络或其他网络工具,他们要考虑的应该是如何使用技术来加强教育,以及教导学生如何在不违背道德的前提下适当、合法地使用这些媒体工具,毕竟它们已经成为大部分学生明显偏爱的交流和互动方式了。

第二章
强调努力和给予认可

在《技术促进课堂有效教学(第一版)》中,我们并没有将强调努力和给予认可这两个策略归在一起。但经过进一步考虑,我们得出这样的结论,即我们的研究重点在于提供针对努力的认可。因此,我们决定在本书中将这两个策略组合在一起。

▶ 强调努力

人们会将成功归因于许多不同的因素:自己的天赋、他人的帮助、运气和努力。而其中的第四点,努力,就是实现成功最有效的归因。你有没有听说过这样一句名言:成功来自"我能行",而不是"我不行"。说这句话的人是第一个认识到努力是成功最重要因素的人。研究表明,对自我效能的信念水平在学习动机和成就方面发挥着重要作用(Schunk,2003)。强调努力的教学策略就是通过强调学生对学习的态度和信念来提升他们对努力与成就间关系的理解。

要有效使用这一策略,教师必须了解努力和成就之间的关系,以及知晓让学生经常接收努力相关信息的重要性。教师同样要相信学生可以通过学习知道努力的重要性以及有效付出努力的意义。在本节中,我们将具体来讨论一下强调努力的教学策略，并为其在实际教学中的运用提出了以下三条建议：

建　议

- 帮助学生理解付出努力与取得成就之间的关系。
- 为学生提供明确的指导，以确切说明付出努力的意义。
- 让学生对自己的努力与成就进行追踪记录。

技术可以帮助学生和教师更好地追踪记录努力的效果，并为学生提供更多的即时反馈。在本节中，我们将展示如何利用数据收集和分析工具来支持该教学策略的实施。

数据收集和分析工具

研究显示，并非所有的学生都能意识到努力的重要性。大多数人还是会把自己的成功或失败归咎于外部因素。我们常常会听到一个数学不好的学生说："我只是不擅长数学，我的妈妈也不擅长数学。"一个学生若习惯将自己的学业成功与否归咎于自身以外的其他因素（诸如遗传、性别、种族等），他／她会很容易产生失败的心理，更加不愿去付出努力。毕竟，如果知道自己是因为基因而注定做不到的话，何必还让自己那么辛苦呢？

还有一些学生在看到别人成功时会把他们的成功也归因于外部因素。他们甚至会有这样一种错误观念，即认为有某一特定背景的人会在特定学科领域内出类拔萃，从而想当然地认为那些人成功是理所当然的。受到这种刻板印象的影响，这些学生往往会忽视那些成功的学生在背后所付出的努力。然而，研究表明，学生可以改变已有的想法和信念，并建立起对努力与成就之间关系的正确理解。

教师可以通过使用电子表格来方便地帮助学生认清努力和成就之间

的关系。不过，教师需要先创建一个量规，让学生清楚地了解如何具体地去评价努力。图2.1显示的是小学4年级教师帕克（Parker）用Google表格创建的一个努力量规。

	A	B	C	D	E
1	类别	4 榜样	3 熟手	2 新手	1 不可接受
2	态度：我对学习数学抱有积极的态度	我对学习数学总是抱有积极的态度	我对学习数学经常抱有积极的态度	我对学习数学偶尔抱有积极的态度	我对学习数学经常抱有消极的态度
3	信念：我认为努力会有回报	我在家温习数学的次数是一周5次及以上	我在家温习数学的次数是一周3~4次	我在家温习数学的次数是一周2次	我在家温习数学的次数是一周0~1次
4	自豪：当我的数学成绩进步时我会很满意	我一直都尽最大努力学习数学，每周成绩会提升5分及以上	我大多时候会尽最大努力学习数学，每周成绩会提升3分及以上	我偶尔会尽最大努力学习数学，每周成绩保持稳定	我并没有很努力地学习数学，每周成绩持续下滑

图2.1 在 Google 表格中创建的努力量规

在向学生解读完该量规并确保他们对每个类别都清楚后，帕克老师要求学生登录班级网络，并打开她之前已经创建好的一个空白表格（见图2.2）。

	A	B	C	D	E
1	类别	第1周	第2周	第3周	第4周
2	态度				
3	信念				
4	自豪				
5	努力值总分				
6	测验成绩				

图2.2 努力与成就记录表

要建立一个如图2.2所示的表格，可以按照以下步骤进行：

1. 打开浏览器，进入 http://docs.google.com。
2. 选择**新建 > 电子表格**。
3. 在第1行的单元格中依次填写以下内容：类别、第1周、第2周、第3周和第4周。

4.在第1列的类别下面,依次输入三个类别名,接着再输入两项内容,即努力值总分和测验成绩。

5.单击第1周努力值总分所在的单元格,键入"=SUM(B2:B4)"。此命令意在计算单元格B2到B4中的数字之和。

6.用同样的方法得到第2周、第3周和第4周的努力值总分。

当帕克老师的学生开始为期四周的数学单元学习时,他们也开始了努力与成就的追踪记录过程。学生要参照量规客观地评估自己为每周的数学测验所付出的努力。学生要在每周五进行测试之前,打开自己的电子表格,输入该周的努力值分数,然后在下周一获得测验成绩后,再输入相应的测验成绩。

四周结束后,学生根据帕克老师的要求,将他们电子表格上的努力值总分和测验成绩两行加以标亮并选中,通过**插入 > 图表 > 图表类型 > 折线图 > 插入**的步骤,得到一张直观显示学生努力和成绩之间关系的折线统计图(见图2.3)。

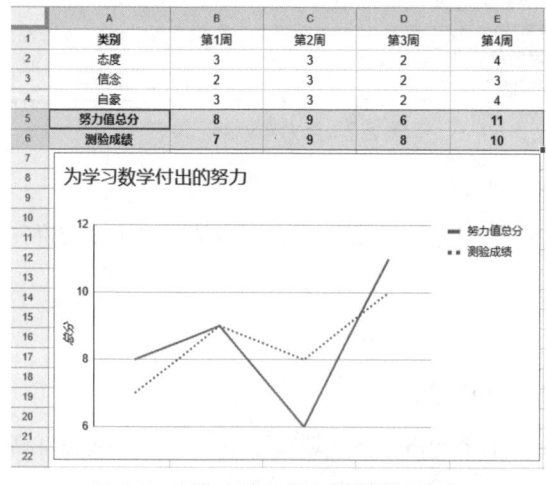

图2.3 制作完毕的努力与成就记录表

第二章
强调努力和给予认可

当然，仅靠这个体验活动并不一定能改变帕克老师班里所有学生关于努力和成就的想法。为了能促使他们真正感受到努力对自己成就的影响，他们还需要持续、系统地参与这类教学策略支持的活动。

说服学生相信努力与成就之间关系的另一个有效方法，是给他们看发生在同类群体身上的对比性数据结果。这里的同类群体可以是同年级的学生、上同门课的学生和学习基础相近的学生。当学生看到其他人也曾面临许多相同的困难，但最终通过自己的努力和良好的态度克服了障碍并取得成功后，他们也会从中感受到努力和成就之间的重要关系。当学生看到这些众所周知的或个人的真实故事后，他们或许会明白自己真的需要加强努力，要对自己的成功和未来更加负责。

如果没有技术的支持，强调努力的策略往往会通过教师个人的言语劝说，或收集和分享一些来自学生群体的人物故事、表彰事迹等方式来实施。例如，某小学在学校办公室附近开设了一个公告栏，其标题为"努力的故事"，里面陈列了一些学生通过努力取得成功的优秀事迹。使用这种公告栏不仅强调了努力的重要性，一定程度上也对那些努力的学生给予了认可。

现在让我们来看一看技术可以如何强化这一策略的使用。公告栏的内容主要以教师和工作人员的观测数据为基础，而这些数据可以通过学校网站进行在线收集。学校可以从中截取部分数据来作为例子，从而让学生明白如果他们继续努力下去最终也会取得成功。相对于那些超凡脱俗的英雄故事，这样的成功案例对学生而言可能更有意义，也更接地气。这对高中生来说尤为重要，因为高中生容易因为失败而变得越来越气馁，甚至最终放弃学业。

用第一章中已经提到过的在线问卷工具，你还可以开展更多正规的数据收集活动。在线问卷技术可以让你使用标准参照的努力量规，并将它融入一份具体的调查问卷。由此你可以了解学生的特点,且能用数据来鼓励他们努力学习并强调努力和成就的关系。

来看一下这个例子:埃克本(Ekuban)老师是一名负责新生始业教育的高中老师,他希望帮助所有新生建立只要努力就可以成功的积极信念。于是他参照在 RubiStar(http://rubistar.4teachers.org)上找到的量规模板,用 SurveyMonkey(www.surveymonkey.com)设计了一份免费在线问卷,面向他们学校中的美国国家高中荣誉生会(National Honor Society,简称 NHS,是美国一个全国性的高中社团,意在表彰在学业成绩、领导才能、社区服务及道德品质方面均有突出表现的 11—12 年级学生)的学生进行了匿名调查,最终收集到了有关这些取得过成功的学生的努力数据和故事。埃克本老师将调查结果分享给新生看,旨在让他们了解这些跟他们一样经历过新生阶段的学长学姐是如何凭借刻苦的努力和良好的心态克服困难并取得成就的。他的调查内容和调查结果如图 2.4 和图 2.5 所示。

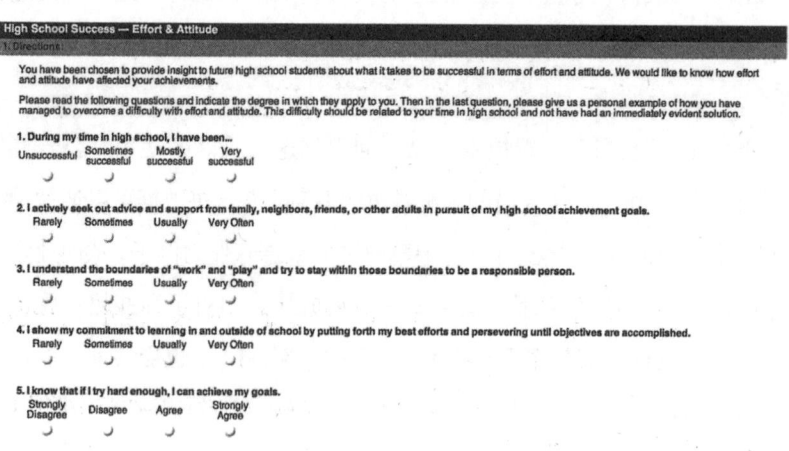

图 2.4　用 SurveyMonkey 创建的有关努力的调查

友情转载自 SurveyMonkey.com

第二章
强调努力和给予认可

	Response Percent	Response Total
3. I understand the boundaries of "work" and "play" and try to stay within those boundaries to be a responsible person.		
Rarely	3.2%	1
Sometimes	9.7%	3
Usually	51.6%	16
Very Often	35.5%	11
Total Respondents		31
8. I take the initiative to learn. I understand that I am the one person most responsible for my education.		
Rarely	3.2%	1
Sometimes	12.9%	4
Usually	32.3%	10
Very Often	51.6%	16
Total Respondents		31
9. Once I make a commitment to a goal, I keep my word and continue working on it until the job is done.		
Rarely	0%	0
Sometimes	6.5%	2
Usually	45.2%	14
Very Often	48.4%	15
Total Respondents		31

图 2.5　来自 SurveyMonkey 的调查结果

友情转载自 SurveyMonkey.com

　　调查得到的数据让埃克本老师注意到他们学校学生取得成功的一些特有的共同因素，这一发现可以帮助他向学生进一步展示努力和成就之间的关系。

　　这样的调查不只局限于收集整体努力的数据。你还可以将它用于特定项目中，比如科学活动、研究论文或其他班级项目等，让学生看到要真正做好这些事情需要付出怎样的努力。

▶ 给予认可

　　一些教师会怀疑用表扬之类的方式给予学生认可是否真的是正确的做法。已有一些研究表明，表扬和认可对学生的内在动机有负面影响

(Henderlong & Lepper, 2002; Kamins & Dweck, 1999)。个体导向或能力导向的表扬，而非任务导向或过程导向的表扬，会对学生的内在动机产生潜在的负面影响：当学生在曾经受到表扬的方面退步时，他们可能会认为自己已经失去了这方面的能力，从而陷入无助的状态。但也有其他一些研究表明，教师给予目标掌握导向的认可和表扬，可以提高学生的积极性，减少行为问题（Moore-Partin, Robertson, Maggin, Oliver, & Wehby, 2010; Simonson, Fairbanks, Briesch, Myers, & Sugai, 2008）。此外，如果学生认为老师的表扬是很真诚的，而且这种表扬促进了学生的自主性，鼓励学生将自己的表现更多归因于自己能掌控的因素，并确立起可实现的目标和标准，那么，表扬就对内在动机有正面影响（Henderlong & Lepper, 2002）。因此，教师要慎用表扬。

认可和表扬对一些社会情绪性指标，如自我效能感、努力、毅力和动机等的影响可能比对学习的影响更为直接。因此，教师可能无法看到认可和表扬给学生在学术进步方面带来立竿见影的影响。但积极的社会情绪性指标和学习之间的正相关关系表明，随着时间的推移，积极的社会情绪性指标会对学习产生积极的影响（Bouffard, Boisvert, Vezeau, & Larouche, 1995; Elliot, McGregor, & Gable, 1999; Greene, Miller, Crowson, Duke, & Akey, 2004; Phan, 2009）。

大多数人都希望自己的努力可以得到认可，无论是通过表扬还是其他更具体的方式，但给予认可必须要适当。对于如何在课堂实践中运用该教学策略，我们在已有的研究基础上提出以下三条建议：

建 议

- 提倡以掌握目标为导向。
- 表扬内容要具体，同时，表扬的内容要与预期的行为和表现一致。
- 提供有形的认可。

技术促进在课堂中使用该策略的最大优势在于它大大拓展了教师为学生提供认可的方式，而不只局限于给学生作业"A+"的成绩或在教室公告板上进行公示等手段。有了技术，教师们可以方便地将学生的优秀作品分享给同学、家长，甚至世界各地的同行。在《群体智慧》（*The Wisdom of Crowds*）一书中，詹姆斯·索罗维基（James Surowiecki, 2004）曾做出类似的阐述，即相对于个体而言，一个大而多样化的群体能群策群力，做更好的决策，做到优中选优。博客、Facebook等网站正是借助此规则来运营的，用户自己会发现什么新闻或网页才是最有用的。在本节中，我们将介绍教师可以如何使用数据收集和分析工具、多媒体、交流与合作软件以及教学交互来开展给予认可的教学策略。

数据收集和分析工具

之前我们已经描述了在线调查和课堂应答系统的用法和功能。这里我们来讨论一下如何使用这两种工具来给予认可。

在线调查和课堂应答系统可以让学生收到来自教师和同伴的反馈。因此，同样可以利用这些工具来给予那些获得最高分的学生认可。需要注意的是，给予的认可必须以一个明确的参考标准为基准，这一点在学生认可他们同伴的表现时也显得尤为重要。由教师确定认可标准是确保给予认可时能够反映标准参照的评价指标的最佳方式，而不是任由学生发挥或受其他外在因素干扰。

下面是一个教师使用数据收集工具来给予学生认可的例子。某中学的学生在结束"经济大萧条"单元的学习后，纷纷将原创的电影、散文、艺术品照片或其他作品发布到某指定网站上。在该任务的截止日期到来之际，所有学生都用教师分配的用户名代码在博客上匿名发布自己的内容。然后，学生利用网络调查，比如Micropoll（http://micropoll.com），参照作品的评价量规，对所有发布的学生作品进行评价并给予标准参照的反馈，包括一个等级或分数。打分结束后，教师公布获得最高分同学的名字，这些符合量规评价指标的高质量作品因此得到了正式的认可。图 2.6 是评估作品时所使用的量规的部分内容。

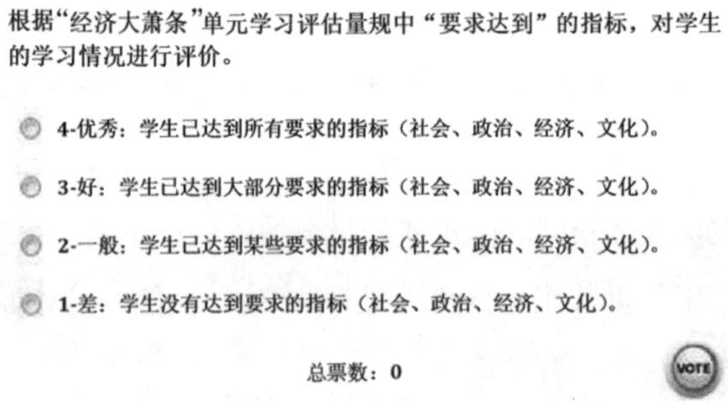

图 2.6　用 Micropoll 创建的"经济大萧条"单元评估量规的部分内容

在另外一个例子中，一位数学老师使用课堂应答系统进行常规小测验，以此来考查学生对学习目标的掌握水平。如果学生的正确率总体达到 90% 以上，他们都将赢得奖励积分，积分可以在学年末进行兑换。测验完成后，教师可以看到课堂应答系统对学生的表现做出的即时判断：他们赢得了积分！之后，教师就会对学生进行口头上的表扬并给大家分发"积分券"，这践行了我们之前提出的第三个建议（提供有形的认可）。需要注意的是，在这个例子中，教师奖励的是全班同学，由此鼓励学生互相帮助以共同实现学习目标。当然有些时候，适当地根据个别学生的表现对个体进行奖励也是一个不错的选择。

多媒体

以颁发个人证书的方式来祝贺学生高质量的学习无疑是一种非常棒的方法，这样做可以让学生感受到更大的认可和赞赏，并且会进一步激励他们取得更大的成就。有许多资源可以帮助教师轻松地做到这一点。例如，在网站 http://www.billybear4kids.com/show/awards/certificates.html 上，你可以轻松地创建和打印证书。

另一种方法是发放徽章。教师可以选择打印实体徽章或采用在线的虚拟徽章。图2.7显示的是用网站 www.web20badges.com 上的免费在线徽章制作器制作的徽章。

图2.7　在 www.web20badges.com 上制作的徽章

网络展示和图片库

当一个学生把他表现优秀的功课带回家给父母看时，父母经常会表扬自己的孩子，甚至会把作业贴在冰箱上好让家里每个人都能看到和给予称赞。这也是认可孩子并激励他的一种办法。但技术可以将这种给予认可的方式再提升一个层次：把孩子优秀的学习作品发布到网络上，使他可以有更多机会收到来自世界各地的朋友、同伴、专家或亲人的认可和赞赏。而且网络上的内容是一直存在的，其他孩子可以随时随地进行参考。而对于受认可的孩子本身而言，这样一种持续的鼓励和激励或许会成为其自豪感和自信心的持久来源。

例如，里根（Reagan）是一名学习较为困难的小学5年级学生。她在老师的帮助下为自己确立了一个目标，即写一篇关于一年中最喜欢的时间的文章，至少三页纸。她立志一定要写出一篇规范且没有语法错误的文章来。经过多次努力打草稿、修改和编辑后，她终于达到了自己的目标。教师将她的文章发布到了学校网站上的"学生作品展"板块，并附上一个评语，认可该作品高质量地完成了学生的学习目标。文章发布之后，里根给她远在另一个州的祖父母打电话，告知他们可以在家里的电脑上看到她的学习作品。

体育老师和美术老师经常会使用在线图片库来给予学生认可，既因为"展示"是这些学科教学时的一种常用手段，更因为在线图片库是激励学生并认可他们在相应学科上所付出努力的一种绝佳方式。当然，你还是要先查阅一下当地关于学生学业作品公开发表的相关政策。同时要注意，在挑选发布作品时要遵从多样化原则，不能只关注最优秀学生的作品。在发布作品时，还要记得对学生的表现以及作品完成情况加以评价，以便让学生知道自己还可以怎样提高和改进，而不是一心想着和别人的作品做比较。

Flickr（www.flickr.com）是目前较为流行的一个照片库应用。只需一个用户名和密码，你就可以快速注册一个免费账号。然后，你就可以开始上传图片、输入评论并发送链接给你的学生及其家长或同事看。你可以限制页面只对某些来访者可见或是对所有公众开放。如果你还为页面添加了一些关键字标签，那么任何人都可以在 Flickr 中通过直接搜索找到它。

下面是另外一些可用于给予认可策略的展示网站或图片库资源网站：

◆ Artsonia Kids' Art Museum

www.artsonia.com

该网站为艺术相关内容的展示提供了一个很好的例子，学生可以在这个网站中尽情分享他们的作品。截止到现在，这个网站已经包含了来自世界各地的孩子们的千万个作品。教师也可以将学生的艺术作品或自己的教案上传至该网站。

第二章
强调努力和给予认可

◁ The National Gallery of Writing

http://galleryofwriting.org/galleries/gallery_of_ncte

该网站由全国英语教师委员会负责运营,主要展示各种各样的写作样本 —— 信件、回忆录、清单、诗歌、播客、散文、短篇小说、说明、报告、社论、传记、演讲以及其他类型的文本,其目标是建设一个全国作文库。

◁ Writing Lesson of the Month Network

http://writinglesson.ning.com/group/publishingstudentwriting

该网站主要提供各种支持同伴评价的中小学写作课程,并配以学生作品范例。

◁ Kennedy High School Art Gallery

http://www.kenn.cr.k12.ia.us/gallery/artgallery/index.asp

这个非常棒的高中生艺术作品库来自爱荷华州锡特拉皮兹市,陈列的内容主要包括动画、雕塑、摄影、绘画和数字艺术等。

◁ Mr.Riggs Art Showcase

http://web.me.com/art911/artist911/welcome.html

该网站由科罗拉多州艺术指导老师里格斯(Riggs)创建,展示的都是里格斯老师的学生(幼儿园至8年级)的艺术作品。

◁ PS22 Chorus

http://ps22chorus.blogspot.com/

这个曾获得威比奖(Webby award,由国际数字艺术与科学学院主办的一个评选全球最佳网站的奖项)的网站展示的主要是来自纽约斯塔滕岛的

71

PS22 合唱团（Public School 22 Chorus，第二十二公立小学合唱团，成员皆由小学 5 年级学生组成）的表演视频。

✈ New Technology High School Student Portfolios

www.newtechhigh.org

加利福尼亚州纳帕县的新科技高中要求校内学生将自己的作品上传至该学校网站。只要点击"学生作品"，大家就可以看到从以前到现在的许多学生作品范例。

✈ Exemplars K—12

www.exemplars.com

该网站为广大教师提供了各种可参考的学生作品范例，基于国家标准的课堂测试评估材料，以及数学、科学与英语三门课上可能会用到的各种量规。

交流与合作软件

现如今的交流软件都更加关注个体内在渴望社交、渴望与他人建立联系并表达自己观点的需求。在现代课堂上，录音和视频会议开始成为教师给予学生认可的新方法。

录音

对学生而言，通过录音给予他们认可是一种令人惊喜和兴奋的方式，因为从教师的声音中流露出的祝贺的语气和热情往往会给学生留下持久的印象。许多计算机操作系统，包括 Windows 和 macOS 操作系统，都会自带一个简单的录音程序。你也可以另外下载各种简单的录音应用，例如 AudioNote 或 Jing。

第二章
强调努力和给予认可

让我们来看一下一位教师如何利用音频电子邮件给予学生认可。韦伯斯特（Webster）是一名高中几何教师，他在批阅数学试卷时发现一个学生在计算线性方程斜率方面有了显著进步。在过去的一周里，他一直密切关注和帮助着这名学生，确保她掌握所有关键知识点。如今，他对这名学生的进步十分满意，于是决定通过一则简短的录音去表扬她完成了学习目标并提高了相关的技能。他打开电脑上的录音程序，录下了他对该生的表扬之词，然后将文件保存，作为电子邮件的附件发送给她。学生收到音频消息后十分开心，因为自己的努力和进步得到了及时的认可。

即时消息

即时消息主要用于快速、便捷地对学生的努力给予认可。哪怕只是发送一则"刚批完你的试卷，哇！！！你的努力付出真的得到了回报！你做到了！"这样的消息，它也能激励学生继续朝着他的下一个目标努力前进。

视频会议

视频会议允许双方或多方之间的交流，它比电子邮件或电话更真实亲切，更有意义和价值。通过视频会议，学生可以和同伴交流，还可以得到专家的辅导。

以 Global WRITeS（WRITeS 是 Writers and Readers Incorporating Technology in Society 的缩写）项目为例，它是一个非营利组织，其使命是使用视频会议、数字媒体等技术资源，通过表演艺术来提升学习者的读写能力。该项目主要在纽约市布朗克斯区开展，参与者汇集表演诗人、任课教师和学生三大群体，主要活动是诗歌等文学作品的创作。学生要将自己写的诗歌以表演的方式表现出来，通过视频会议分享给其他班的同学看。表演结束后，他们还要根据同伴们给予的反馈继续修改自己的作品。

在这个例子中，技术扮演着至关重要的角色，同时它也让我们看到了如何有效使用视频会议这样的工具来为学生提供反馈和认可。最初，学生主要使用博客来发布和分享自己的创作作品。之后到了表演和修改阶段，他们便使用视频会议的方式与同伴展开真正的对话。这样，他们才能进一步给予别人反馈或得到更多关于表演和作品的反馈。在布朗克斯区，学区和学区之间大都相隔较远，要把各校的学生集中到同一地点来进行这样的合作与交流既费时又费力。视频会议大大减少耗费的时间，从而为其他的学习活动留出了更多的时间。视频交流期间，所有学生都可以看到全部的演员和评委，有经验的学生前辈还可以帮忙指导后辈。当然，最重要的也许还是学生可以收到来自同伴以及著名表演诗人的个性化反馈。通过视频会议，学生的写作能力在面对面的交流中得到了认可。

下面是跟 Global WRITeS 项目有关的两个资源网站：

◿ Global WRITeS

www.globalwrites.org

这是该项目的官方网站，从中用户可以找到更多有关该项目的信息、学生的作品范例和一些研究数据。

◿ DreamYard

www.dreamyard.com

DreamYard 是一个提倡艺术融于教育的创新型组织，主要关注如何将艺术整合进中小学的课程体系中。在这个网站上，用户可以找到更多有关该组织的信息、学生的作品以及一些教师的教案。

教学交互

几乎所有的在线教育游戏都会提供某种认可和奖赏机制,以促使学习者继续挑战更高的层次。这些游戏往往是通过一种有趣的、激励人的方式帮助学生掌握基本技能和重要概念。例如,IXL 网(www.ixl.com/awards)提供了各种各样的游戏来帮助 8 年级以下的学生学习数学概念。每当学生在一个游戏中达到一个预设的目标后,他们就会获得一个虚拟的奖励。

第三章
合作学习

合作学习教学策略聚焦于为促进学生学习提供同伴之间各种互动交流的机会。该策略的理论依据是设计良好、目的性强的社会互动促使学习效果最大化（Gerlach, 1994; Vygotsky, 1978）。合作学习为学生反思所学新知，在与同伴对话过程中消化和加工新知，最终达到共同理解创设了环境。当学生对学习内容进行深入交流和探讨时，他们会加深对其的理解，并越来越能找到解决某个学习问题的方法（Bandura, 2000）。这个过程可以持续强化所学的内容。

通过在学生中间建立强有力的纽带关系和责任感，合作学习可以增强学生的学习动机，使其产生更大的学习收益和更好的学习成果（Roseth, Johnson, & Johnson, 2008）。在设计精良的合作学习活动中，小组成员间会建立起一种积极的相互依存关系——一种同舟共济的心态，并且任何一个个体的成功都会促进小组中其他成员的成功。此外，已有研究证明，合作学习可以增加学习的积极性和自尊心，改善学生的学习态度，减少社会隔离和孤独感（Johnson & Johnson, 2003; Johnson & Johnson, 2005; Morgan, Whorton, & Gunsalus, 2000）。

对于短短几分钟的即兴活动，采用非正式的小组合作就可以了。教师可以简单地让学生按照号码或所坐的位置进行快速分组。但如果是正式的小组合作，教师应该精心设计有目的的学习任务，并且必须考虑两个基本元素：积极的相互依存（同舟共济）及个人和团队的责任（每个成员都要为实现团队目标做出贡献）。

基于合作学习的相关研究，我们对该策略在课堂教学中的实施提出了三条建议：

建 议

- 考虑积极的相互依存及个人和团队的责任这两个元素。
- 小组合作规模要小。
- 合作学习要系统化、持续化。

正如托马斯·弗里德曼（Thomas Friedman）在《世界是平的》（*The World Is Flat*, 2005）一书中说的那样，我们生活在一个学习和创新越来越全球化的时代。为了适应快节奏的虚拟工作环境，学生需要具备合作学习与工作的能力，无论是在线上还是线下。2009年世界薪酬协会发布的报告称，近3500万的美国员工每月至少有一天是远程办公的——并且这个数据增长非常迅速，2001年的时候这个数字还只是2000万。在这种工作环境中，员工必须经常与项目团队的其他成员进行远程沟通。为了让学生能够早日适应这种环境，我们需要为他们提供机会，锻炼其与人合作的能力，毕竟在未来，他们中的一些人可能永远都不会遇到面对面工作的情况，尤其是在那些需要多种技能和人才的项目中。

技术可以在合作学习中发挥独特而重要的作用，因为它可以促进小组合作，提供小组任务架构，支持那些身处异地的组员开展远程交流。技术也可以帮助我们实现学校的教育目标，即随时随地为学生提供服务，促进他们成长为终身学习者。研究表明，学生利用技术进行合作学习或使用计算机开展协作学习时，其学习效果会有明显的提升（Urquhart & McIver,

2005)。在本章中,我们将展示如何使用多媒体以及交流与合作软件促进学生的合作学习。

▶ 多媒体

学生创作多媒体的活动为合作学习提供了一个天然的好环境。制作一则小视频或小动画是一项复杂的任务,需要多个角色参与并划分好职责范围。因此,从根本而言,多媒体项目和合作学习小组都需要在前期的计划阶段有周全的考虑。这类活动如果在课堂中没有顺利开展,通常是因为前期准备不足。评价量规可以帮助学生了解老师对他们的期待以及表现会被如何评价,这一点在任何学习活动中都很重要,但在合作学习中尤为重要。表 3.1 呈现的是中学教师奥尔蒂斯(Ortiz)用 RubiStar(http://rubistar.4teachers.org)给学生创建的量规,她要求学生在两周内完成一部微电影的制作,主题是著名数学家的一生。

在向学生介绍完该学习项目的要求并向他们呈现项目评价量规之后,奥尔蒂斯老师开始分配学生的角色和任务,学生 3—4 人一组围绕课程主题合作制作短片。奥尔蒂斯老师制作了如表 3.2 所示的小组角色分工表,以此作为先行组织者来引导学生完成活动,并确保每个学生可以分配到 2—3 项任务。有些任务的完成只需要一名学生参与,而有些角色,比如研究者、记者、演员等,则需要多名学生参与。学生需要在两周的业余时间里完成这个项目,同时还需完成一些基础运算类的家庭作业。

第三章
合作学习

表 3.1 合作多媒体项目的量规

多媒体项目：课程微电影
教师：奥尔蒂斯
学生姓名：_____

类目	4	3	2	1
内容	话题展开深入、具体且有例子支撑，学科知识掌握得很不错	包含了与话题相关的重要知识，对学科知识的掌握还可以	包含了与话题相关的重要信息，但有1—2处事实错误	作品内容空泛或者存在较多事实错误
初稿	初稿按时完成，且有和同伴进行分享与交流，并根据反馈进行了修改	初稿按时完成，且有和同伴进行分享与交流，但由同伴进行修改	初稿没有按时完成，但有为同伴提供反馈或帮助修改	初稿没有按时完成，也没有参与同伴互动和互评的过程
组织	内容组织有条理，标题或符号列表运用得当	大部分内容的组织有条理和逻辑性	标题或符号列表运用得当，但整体内容的组织缺乏条理和逻辑性	没有明确或合乎逻辑的组织结构，只是大量事实的简单罗列
故事板	故事板包含了要求的所有元素，并增加了一些额外的元素	故事板包含了要求的所有元素，并增加了1个额外的元素	故事板包含了要求的所有元素	故事板忽略了要求的某些元素
创意	作品呈现出了大量的原创思维，想法具有创意和创新性	作品呈现了一些原创思维，提出了新的想法和见解	作品采用了他人的观点（已得到他人授权），缺乏原创思想的体现	作品采用了他人的观点但未得到他人授权
吸引力	学生完美使用了视频、图片、声音和特效来强化演示效果	学生较好地使用了视频、图片、声音和特效来强化演示效果	学生使用了视频、图片、声音和特效，但这些一定程度上有损演示效果	学生使用了视频、图片、声音和特效，但这些较大程度地减弱了演示效果

表 3.2 合作多媒体项目中的小组角色分工

角色	角色或任务说明	学生姓名
研究者 （2 人）	研究与主题相关的内容，并和相关学科的一位教师进行沟通，以确认相关信息是否正确	
编剧 （2 人）	根据研究者的研究结果撰写影片脚本（教师必须在脚本被细化之前核准故事板的内容。学科教师需要检查脚本的最终版本以确保相关信息的正确性）。脚本必须是表演形式，要包括所有需要的资源以及拍摄场地、场景等	
记者 （1 或 2 人）	在镜头前采访学科专家，需根据研究结果提前撰写好访谈提纲，以丰富影片的相关信息	
技术专家 （1 或 2 人）	提供一切的技术支持与指导（例如：iMovie、GarageBand、GraphicConverter 等）	
项目协调者 （1 人）	和团队协调项目进展，引导所有的项目活动，以及协调与其他团队之间的资源使用情况（记住其他团队也需要用摄像机）	
摄像师 （1 或 2 人）	负责检查、使用并及时归还摄像机和三脚架	
演员 （按需分配）	在脚本限定的范围内，最大限度地发挥自己的想象力和表现力开展生动的表演	

两周结束后，学生观看各小组制作的短片，必要时做点笔记。他们由此认识了毕达哥拉斯（Pythagoras）、欧几里得（Euclid）和斐波那契（Fibonacci）、帕斯卡（Pascal）、阿基米德（Archimedes）和班纳克（Banneker）等数学家，了解了他们所做的工作与我们今天所使用的数学之间的关系。通过这种方式，学生不仅合作创作了短片，实际上也是在参与合作教学。

网站制作

学生可以利用 Facebook、Google 协作平台、SchoolFusion 或维基等网络工具创建网页,由此来合作展示他们所学的知识。举一个例子,威廉斯(Williams)是科罗拉多州小学 6 年级的科学教师,她让学生利用 Glogster(www.glogster.com)创建多媒体网页,以此来展示他们对该学年各项学习内容的理解和掌握情况。学年伊始,她便向学生介绍了这个 Glogster 学习项目的评价量规(如表 3.3 所示)。随着时间的推移,学生的学习逐渐从以教师为中心转向了以学生为中心。有关 Glogster 项目的范例可以在网页 www.glogster.com/explore/education 中找到。

表 3.3　Glogster 协同学习技能项目量规范例

类目	4	3	2	1
语法结构和拼写	网页内容编写得当,没有语法或结构错误。Glog 没有拼写错误	网页内容编写得当,有少数语法和结构错误,但不影响交流。Glog 没有拼写错误	网页内容存在明显的语法和结构错误,且影响交流。Glog 有少数拼写错误	网页内容存在严重的语法和结构错误,且严重影响交流。Glog 存在较多拼写错误
时间管理	整个项目过程中时间运用非常合理,没有因为组员拖延等原因而调整期限或分工	整个项目过程中时间运用通常很合理,虽然存在一些拖延现象,但不至于调整期限或分工	经常存在拖延的现象,但依然都在截止期限前完成了任务,不至于调整期限或分工	很少有成员在截止期限前完成任务,团队不得不调整期限或分工
贡献	经常会在参与团队和课堂讨论时提供有用的内容,实际付出了很多努力,体现了强大的团队领导力	通常会在参与团队和课堂讨论时提供有用的内容,实际付出了较大努力	偶尔会在参与团队和课堂讨论时提供有用的内容,能够做好本职工作	不太在参与团队和课堂讨论时提供有用的内容,参与度极低

续表

类目	4	3	2	1
视觉效果	在视觉效果方面花了很大功夫。Glog的布局很富有吸引力，各方面都体现了创意、用心与规划	在视觉效果方面花了一定功夫。一定程度上体现了创意、用心与规划	在视觉效果方面稍微花了一些功夫。略微体现了创意和规划	几乎没怎么在视觉效果方面投入关注和精力
引用来源	书籍、音乐、图片、视频等资源都引用规范，每个来源都包括了网站标题、作者、网址以及其他一些必要的信息	书籍、音乐、图片、视频等资源大部分引用规范，每个来源都包括了网站标题、作者、网址和其他一些必要的信息	书籍、音乐、图片、视频等资源部分引用规范，每个来源都包括了网站标题、作者、网址和其他一些必要的信息	书籍、音乐、图片、视频等资源大部分都引用不规范或者没有注明引用来源信息

在过去的十年中，制作网站变得越来越容易。如今，已有许多免费或便宜的应用程序可用来制作网站。这里为大家介绍其中的一部分：

➢ Google 协作平台

https://sites.google.com

Google 协作平台允许学生和教师免费创建各式各样的网站。许多学生还会把这些网站当作个人在线档案袋。用户可以将网站的开放权限设置为公开，或者只面向通过学校注册 Google 企业应用套件的教师和学生。网站可以由个人或多人创建，并且提供各种各样、使用便捷的网页模板。

➢ SchoolFusion

http://schoolfusion.com

在这个网站上，教师可以轻松地创建功能强大的被称为"融合页面"（Fusion Pages）的网页和博客。用户友好的界面使得教师可以方便地编辑、添加和更新内容。当用户加入某融合页面，网站会为用户自动提供学习日历和 Web2.0 协作工具。这种安全的线上社区可以让学生安心、积极地参与学习与合作。

Ning

www.ning.com

Ning 满足了教师们想为自己班级创建封闭的社交网络或围绕特定主题构建网络的需求。该网站的功能主要包括用户控件、论坛、文档和视频的发布、博客、相册以及日程表等。

Intuit Website Builder

www.intuit.com/website-building-software

这个便宜的软件可以让你在几分钟内就完成一个网页的创建。即使你之前从来没有做过网页，你也可以通过拖放文本、图像或其他元素轻松实现各种设计。Intuit 提供了上百个功能完善、导航齐全的模板，包括各种页面样式、文本样式等，用户可以任意选择和使用。

PBworks

http://pbworks.com

这个云计算服务可以帮助教师创建包含课堂笔记、幻灯片、教学计划、政策和学生作品等内容的资源网站。对于合作学习小组的成员来说，他们可以利用该平台创建合作学习页面，在其中展开讨论、发布内容、上传作业并分享成果等。对于需要开展家校联系工作的教师来说，他们可以在这个平台上发布学习任务、关键日期和志愿者名单等。

| 技术促进课堂有效教学
USING TECHNOLOGY WITH
CLASSROOM INSTRUCTION THAT WORKS

▶ 交流与合作软件

　　技术可以让学生不受时空的限制开展基于项目的合作学习，这在以前是难以实现的。我们在前面已经详细讨论了博客和维基，因此在这里就不再过多地展开论述了。但就像前面这些例子所展示的那样，无论是博客还是维基，它们都为学生交流、分享观点以及合作学习提供了一个很好的途径。

　　在此，我们要重点关注的是，教师如何将上述提到过的各种交流软件和即时通信技术整合起来，以促进正式合作学习的有效开展。将即时通信技术与内容共享类网站整合使用——例如用即时消息进行快速聊天，用博客进行讨论，用 Google 协作平台开展合作和共享信息，用 Delicious 或 Diigo 分享网络资源等——可以在任何时间、任何地点实现强大而高效的合作。我们来看一个例子。杰克（Jake）、珊特尔（Shantel）和戴恩（Dion）是拉丁语三班的同班同学，他们准备用 Google 协作平台整合他们的笔记，为一部介绍尤力乌斯·凯撒（Julius Caesar）的电影的预告片制作工作做准备。该网站可以让学生整合各自的笔记并合作完成脚本的起草工作。现在，他们需要做的是协商确定在何时何地开展拍摄工作以及每个角色由谁来扮演。

　　他们决定使用 Skype（www.skype.com），一个免费支持多个用户通过计算机在任何地点进行会话的网站。在创建好 Skype 账户并安装好网络摄像头与麦克风之后，他们约定在第二天的晚上七点进行视频会话。尽管珊特尔那时候正在另一个州探亲，她也可以用笔记本电脑参与会话。在会话过程中，他们使用 TypeWith.me 工具在一个空白文档中记录各自的分工，并保存好以供后续参考。同时，他们还可以使用 Skype 中的聊天功能给对方发送相关内容的链接，以便大家同时看到同样的资源。之后，他们使用 Google 日历创建了一个日程表，并将其添加到了该合作项目的 Google 协作平台上，以便每个人可以看到任务的截止日期和碰头的时间，从而督促大家按时完成任务。

从这个例子中，我们可以看到合作学习并不是学习去合作，而是在合作中学习（Wong & Wong, 1998）。如今，学校的网络基础设施和带宽服务快速发展，因而这类活动的开展比之前任何时候都要便捷。现在的学生可以通过网络和校内其他学生、学科专家或多人游戏玩家开展各种各样的合作，他们甚至可以在全球范围内开展合作！

网络支持的合作学习最初只是让学生在网上一起浏览资源而已，如今它已经发生了翻天覆地的变化。网络已经成为商业合作、教育合作乃至个人生活中各种合作必不可少的一个媒介，它的价值和功能远远大于一本电子参考书。

最知名、最成功的网络合作项目之一就是 JASON 项目（www.jasonproject.org），它是一个致力于让学生亲身参与科学发现的项目。它所提供的标准参照的探究课程主要面向 4—9 年级的学生。在多媒体工具和互联网传播技术的辅助下，参与活动的学生成为虚拟探究社区的一员，他们跟随真正的研究人员一起探索海洋、热带雨林、极地、火山等各种科学景观；学生还可以利用 JASON 在线小组提供的所有在线活动来促进自己的探究学习。

另一个著名项目是 Flat Classroom 项目（www.flatclassroomproject.org）。该项目受托马斯·弗里德曼（Thomas Friedman）《世界是平的》（*The World Is Flat*, 2005）一书启发，由乔治亚州格鲁吉亚卡密拉市私立西木学校的维基·戴维斯（Vicki Davis）和中国北京国际学校的朱莉·林赛（Julie Lindsay）共同创立。该项目旨在利用新兴技术帮助初高中学生与世界各地的同伴进行合作。学生可以通过视频会议、博客、维基、多媒体等多种媒介开展合作，从而亲身感受开源软件、工作流软件以及即时通信技术等新兴技术正在如何改变这个世界。

类似 Google 这样的协作套件和 iPad 这样的工具使得技术辅助的师生团队合作变得越来越普遍。能够帮助学生一起开展头脑风暴、合作解决问题、合作创造和合作收集信息的应用资源有成千上万种，以下推荐的只是其中的一小部分：

◢ TypeWith.me

http://willyou.typewith.me

这个简单且免费的在线平台允许多个用户一起实时记笔记、做总结和聊天，不同用户贡献的内容会以不同的颜色标亮显示。

◢ TitanPad

http://titanpad.com

这个免费资源提供的功能跟 TypeWith.me 基本一样。

◢ FaceTime

www.apple.com/mac/facetime

这个应用可从 iTunes 商店获取，可在 Macintosh 设备或笔记本电脑上使用，支持双方之间实时的音频和视频通信。

◢ Syncpad

http://mysyncpad.com

该应用也可从 iTunes 商店获取，允许多个学生通过他们的 Macintosh 设备在一块虚拟白板上同步作画。图 3.1 显示的是 Syncpad 的一个使用例子。

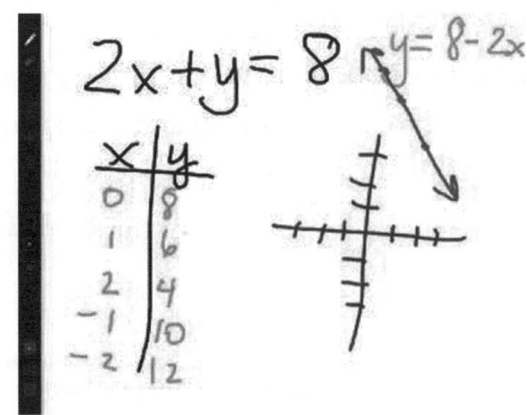

图 3.1　用 Syncpad 合作解决问题的例子

◢ DoodleToo

www.doodletoo.com

该应用同样可从 iTunes 商店获取,允许多人协作绘画、写作和聊天。

◢ Google 日历

www.google.com/calendar

日历共享可以帮助学生管理各项小组活动。教师也可通过这种方式来远程监督小组的合作进展。Google 日历是最受欢迎的日历网站之一,它允许所有成员查看和编辑小组日历。

网络探究（WebQuest）

网络探究是一种允许学生在一个或多个地点一起学习某个特定主题,或合作解决一个特定项目或问题的在线探究性学习活动。网络探究的设计重在帮助学生有效利用时间,学会用信息而不只是找信息,以及锻炼学生分析、综合、评价等较高层次的思维能力（Dodge & March,1995）。一项精心设计的网络探究任务应该是既切实又有趣的,并且还会引发学生积极思考。它会为学生提供一个行动目标以引导其开展相应的学习活动,同时也会阐明教师给出的学习目标。这里有一些可能对你设计有效的网络探究有帮助的网站:

Quest Garden

http://questgarden.com

这个网站提供了大量可以帮助教师利用或创建网络探究的实例和工具。

WebQuest Taskonomy

http://webquest.sdsu.edu/taskonomy.html

在这里,你可以找到网络探究最常见的 12 种任务类型。

Zunal WebQuest Maker

www.zunal.com

该网站包含了查找和创建网络探究的各种工具和资源。

在线多人模拟游戏

单机多人游戏的出现开辟了交互的新天地,即允许个体与他人同时通过计算机游戏界面进行交互。而在线多人游戏和传统的单机多人游戏之间的差别在于,它允许用户通过互联网上的一个模拟的计算机界面进行真实的、人与人之间的交互,而不仅是和游戏程序内部自带的人工智能进行交互。换言之,游戏的界面、环境、角色、情境和挑战都是模拟的,但交互却是发生在真实的人和人之间的。合作学习的理念和这一概念极其相似,即多个学生围绕同一个学习目标进行在线交互。因此,这样的研究结论

第三章
合作学习

也是合情合理的,即精心设计的多人游戏,只要使用合理且能为学生提供一个愉快的、有趣的环境便于他们解决问题和持续性学习,是可以促进合作学习的(Lobel, 2006; Gee, 2009)。事实上,如克里兹(Kriz)和埃伯利(Eberle)(2004)所言,"游戏模拟本身是一个交互学习环境,它可以锻炼学生解决复杂的真实问题的能力。与此同时,游戏模拟也代表了一种团队合作学习的形式"。

下面介绍的是一些可以促进合作学习的不错的游戏:

◁ Civilization V

www.civilization5.com

《席德·梅尔之文明》(Sid Meier's Civilization)系列是有史以来最成功的策略游戏系列之一。这个游戏允许多个玩家一起对抗史上最大首领。在这个过程中,他们要进行勘探、建立定居点、展开外交等多项工作,直到征服领土,建立起自己的帝国,并且还要保持一定的时间不被其他玩家消灭。

◁ Girls Inc. Team Up

www.girlsinc.org/gc/page.php?id=6.2

这是一个基础的问题解决游戏,游戏内容是多个有特殊能力的女孩一起解决空间谜题。

◁ The Sims

http://thesims.ea.com

该游戏是一款仿真游戏,允许玩家们化身为日常生活中的角色进行交互。学生可以通过玩游戏以及特别注意游戏中他们所扮演角色的肢体语言和对不同情境所做的反应来学习社交与合作技能。

通过与来自其他城市、州或国家的同伴进行交流，学生可以拓宽视野，并促使自己去了解其他国家的文化、语言和各类议题。随着全球电信网络的扩张，哪怕在世界上最偏僻的一些地区，这样的交流和学习也已变成可能。学生还可以使用电子邮件与远方的网络笔友进行合作。许多网站都可以帮助学生与其他社群之间开展交流合作以及基于项目的学习，以下两个网站就是非常棒的选择：

◁ ePALS

www.epals.com

这是互联网上最大的合作课堂社区之一，支持跨文化交流、项目共享和语言学习。

◁ The Teachers Corner

www.theteacherscorner.net/penpals

该网站允许教师按照年级和地理位置搜索网络同行笔友。选择一个年级后，你就可以看到一张世界地图，图上用图钉标志着笔友的位置。

共享书签

在互联网能支持快速、便捷地分享网页链接之前，教师们若想要学生登录与某个学习项目相关的网站，他们往往需要在机房每台计算机上登录一遍该网站，并将它保存为书签。虽然这对学生的学习没有任何影响，但对教师而言却是非常耗时的。而如今，教师们只需将找到的所有优质资源收藏到自己的社交书签网站，之后只保留这一个链接就可以了。学生可以在家里或学校里利用教师的这个网站获取各个资源，而不用辛苦地去记住一大堆网址。在合作学习项目中，学生就可以建立自己的社交书签网站，

第三章
合作学习

收集有用的网站资源并对其进行归类（或贴标签），然后快速地和小组中其他成员共享。下面是一些较受欢迎的社交书签网站：

⊿ Diigo

www.diigo.com

Diigo 允许用户保存自己的网络书签并利用标签工具管理书签。你还可以创建组，以便于其他 Diigo 用户把书签按兴趣话题或项目主题分类保存。该网站还允许用户之间相互比较各自保存的网站。

⊿ Google Bookmarks

www.google.com/bookmarks

该网站允许用户登录 Google 账号来存储、分类并访问书签。

⊿ Delicious

www.delicious.com

有了 Delicious，你可以将你最喜爱的网站、音乐、书籍或其他内容统统收藏在一个地方，不用再害怕丢失任何一个资源。你可以跟你的学生或同事分享你的收藏夹，或者通过浏览热门的相关网站发现更多有趣的新资源。

⊿ Evernote

www.evernote.com

在这里，你可以存储你的截图、图片、文档、网站等，并通过标签或主题工具加以管理。

91

课程管理

除了前面章节讨论过的博客、维基,教师们还可以通过基于网络的课程管理系统(CMS)程序为学生创建在线学习社区。这种服务可以保障教师安全地共享资源、发起讨论、发布消息等。学生可以在上面分享自己的观点、展开小组讨论和合作学习。许多大学已将这类服务纳入常规教学体系。我们在下面列出了一些常见的在线学习服务系统:

◃ Moodle

http://moodle.org/

这是一个免费、开源的课程管理系统,旨在帮助教育工作者创建高效的在线学习社区。

◃ Blackboard

www.blackboard.com

Blackboard 网络教学平台允许各教育机构在任何时间、任何地点访问任何学习资源。

◃ Google 企业应用教育版

www.google.com/educators/p_apps.html

Google 企业应用教育版允许学校技术管理人员向所有的学生和教职工提供电子邮件、在线日历共享、即时通信工具,甚至是专门的网站资源等多项免费服务。

此外,还有很多有用的在线资源可以帮助你和你的学生开展合作学习。我们在这里再推荐两个特别有用的资源：

◁ Jigsaw Classroom

www.jigsaw.org

该网站是 Jigsaw Classroom 的官方网站，旨在利用合作学习技术帮助学生共同学习知识和技能。

◁ The University of Wisconsin—Stout

www.uwstout.edu/soe/profdev/rubrics.shtml

该网站提供了一些与合作学习相关的量规。

第二编

促进学生理解

SECTION II
HELPING STUDENTS
DEVELOP UNDERSTANDING

第四章
线索、问题和先行组织者

在本章中,我们将线索、问题和先行组织者放在一起讲是因为它们都是为了提高学生围绕主题检索、使用和组织信息的能力。在课堂中,线索给学生有关课程内容的"提示",其中包括学生关于某主题已知的信息和一些新的信息(Marzano, Pickering, & Pollock, 2001)。问题可以让学生回顾关于某主题自己已经学过的信息,它也让教师了解哪些内容学生还没有掌握。先行组织者一般在课前呈现给学生,旨在将学生的注意力吸引到课程重点内容上,明确教材内部关系,将教材与学生的先前知识相关联(Lefrancois, 1997; Woolfolk, 2004)。最有效的先行组织者为学习者提供有意义的组织概念框架,允许学习者将教学材料中的概念与该框架的要素联系在一起(Martorella,1991; White & Tisher,1986)。

在一节课或一个单元开始之前,使用线索、问题和先行组织者可以将学生的注意力聚焦到即将学习的重点内容上来。线索、问题和先行组织者可以激发学生对所学内容的好奇心和兴趣,从而激励学生进一步学习。此外,使用高阶问题可以激发学生使用批判性思维技能(如进行推论与分析观点),从而促进学生深化所学知识。

我们对相关的课堂实践提出了八条建议:

建 议

- 聚焦重点的内容。
- 使用明确的线索。
- 询问推理类问题。
- 询问分析类问题。
- 使用陈列式先行组织者。
- 使用讲述式先行组织者。
- 使用图解式先行组织者。
- 使用略读式先行组织者。

在这个策略中，技术的潜在应用是显而易见的，因为教师和学生可以运用各种技术手段去创造组织精良、视觉效果良好的组织者。在本章中，我们将介绍如何使用文字处理应用程序、数据收集和分析工具、组织和头脑风暴软件、教学媒体以及教学交互等工具达到这一目的。

我们推荐以下几种资源，它们分别聚焦于不同难度的问题并附有一些优秀的案例：

Bloom's Taxonomy Blooms Digitally
http://techlearning.com/article/8670

这篇文章的作者为安德鲁·丘奇士（Andrew Churches），是在2008年完成的。在文中，他为布卢姆教育目标分类中每层目标的描述推荐了一些合适的动词，这些动词同时适用于数字化学习活动和传统学习活动。

第四章
线索、问题和先行组织者

◢ For the Best Answers, Ask Tough Questions

http://faculty.philau.edu/kayk/KKay/articles/BestAnsers.pdf

这是乔伊斯·瓦伦扎（Joyce Valenza）写的一篇优秀论文，探讨的主题是"核心问题"，它最早于 2000 年 4 月 20 日发表在《费城调查者报》（*Philadelphia Inquirer*）上。"核心问题"是一个要求学生做出决定或做出计划的问题，而不仅是对答案进行简单的研究和思考。这篇文章包括了有关"核心问题"的其他资源链接。

◢ Blooms Digitally

www.usi.edu/distance/bdt.htm

这个互动式图表为布卢姆教育目标分类中每一层目标的开展提供了在线工具的链接。

◢ Why Is It Important for Students to Learn About Bloom's Taxonomy?

http://larryferlazzo.edublogs.org/2011/05/07/why-is-it-important-for-students-to-learn-about-blooms-taxonomy

这篇非常棒的博文发表于 2011 年 5 月 7 日，作者是拉里·费拉佐（Larry Ferlazzo），它探讨了让学生了解布卢姆教育目标分类的重要性。文中提供了很多有关布卢姆教育目标分类的优秀案例和资源链接。

◢ The Differentiator

www.byrdseed.com/differentiator

这个很特别的网站允许教师从思维技能、内容、资源、成果和小组规模等列表中选择合适的词条，自动创建一个包含上述 5 个要素的有关学生学习行为的陈述。

文字处理应用程序

文字处理应用程序非常灵活，十分适合用来创建各种先行组织者，无论是陈列式、讲述式还是图解式。陈列式先行组织者包括宣传册、定义、规则或程序。讲述式先行组织者常常以故事、文章或艺术作品的形式呈现。图解式先行组织者则常常以表、图或艺术作品的形式呈现。

教师可以将陈列式、讲述式和图解式先行组织者或单独使用，或组合起来使用，形成吸引人的介绍性材料，以帮助学生聚焦到基本概念和准备学习的内容上。举例来说，如果你正在组织一次班级野外旅行，可以让学生事先在网上进行调研，并运用文字处理软件创建一个小册子。小册子的内容可以包含旅行中有参考作用的信息，比如地图、事件和图片。你也可以用文字处理程序事先创建一个日程表，并将它保存在学校服务器或其他常用位置，之后，让学生将小册子上的内容粘贴到日程表中。在旅行开始之前，学生可以浏览小册子，将它视为额外的先行组织者。

文字处理应用程序的另一个应用是使用其制表功能创建记笔记用的先行组织者。在一节课开始之前，教师给学生一份包含有两列的笔记模板，其中第一列中写有关键术语、概念或主题等有关当天课程的介绍性内容。随着课程的推进，学生可以逐渐把说明性的文本、网页链接和图片等内容填入该笔记模板。这样做可以帮助学生围绕课程核心信息组织自己的想法，并让他们在教师还没完全展开讲解之前，就开始思考即将学习的内容中哪些是他们已知的。这种陈列式先行组织者可以通过计算机投影仪展示给全班同学看，也可以被保存在中央服务器上供大家下载。此外，因为这些笔记是数字化的，学生可以很容易地加以修改，或者通过电子邮件将其传输至家中电脑，便于在家学习时使用。

第四章
线索、问题和先行组织者

在 Word 中创建笔记模板，你需要点击**插入 > 表格**，输入初始表中需要的行和列的数量。如果你对表格大小判断失误也不用担心，你可以在之后方便地插入或删除行和列。

▶ 数据收集和分析工具

当你想创建一个先行组织者时，通常电子表格软件并不是你首先能想到的技术工具。但当一节课比较特别，或者你想在一个量规中使用电子表格的功能时，电子表格软件会成为你最佳的选择。量规是非常棒的先行组织者，能够为学生应用自身能力、知识和批判性思维技能做准备。将陈列式信息和表达良好的讲述式先行组织者整合在一个量规中，这将是促进学生学习的有效策略。

这里举一个例子：凯齐尔斯基（Kedzierski）是一名高中语言艺术教师，她正在备一节诗歌写作课，她为学生选择了文艺复兴时期具有代表性风格的诗歌作为讲述式先行组织者。莎士比亚（Shakespeare）、多恩（Donne）和琼森（Jonson）诗中的单词、语调和故事情节有助于激活学生已有的知识，唤起好奇心。学生阅读完若干首莎士比亚的十四行诗之后，他们开始创作自己的作品，仿佛也生活在伊丽莎白时代的英国一样。当然，通过这样的方式来写诗并不容易，它需要一些引领性指导：凯齐尔斯基老师为此在学生写作之前，创建了一个量规分发给学生。

虽然凯齐尔斯基老师对量规制作的网站比较熟悉，但她还是喜欢用 Excel 或文字处理程序中的表格功能。使用 Excel 时，她首先把课程标准键入单元格中（例如：遵循十四行诗的格式，使用与伊丽莎白时代相符的词汇和故事），然后选择自己喜欢的格式、色彩和字体。她还决定让电子表格根据诗歌等级标准自动统计评分。她是这样做的：将量规中单项分数项的列选中，然后选择公式栏中的 f_x 选项，并选择 **SUM**（求和）函数，明确求和项的准确范围，例如 **D1: D4**。这样，她就可以快速、便捷地反复使用这个量规了。

▶ 组织和头脑风暴软件

我们的建议之一是让教师使用明确的线索。也就是说，你提供的线索应该是直观的，而且可以为学生提供一个概况，让他们知道即将要学什么。虽然一般情况下我们会认为线索和暗示一样，似乎是比较隐晦或模糊的，但在课堂上，直接的方法往往是最有效的，即简单明了地告诉学生他们要学什么内容。

为了说明这一点，我们来看一个例子。小学 6 年级科学教师道格拉斯（Douglas）准备向学生教授有关桥的物理性质的单元内容。课程一开始，她告诉学生他们将要学习不同类型的桥、桥的组成，以及为什么不同的桥有着不同的用途。她使用用 Inspiration 创建的组织者（见图 4.1）来向学生展示学习目标。

值得注意的是，道格拉斯老师设计的这个组织者中包含了一个核心问题，她要求学生运用相关背景知识来回答这个核心问题。相关的研究显示，高阶问题比低阶问题更能让学习深入下去（Marzano, Pickering, & Pollock, 2001）。由于道格拉斯老师的学生刚好同时在学习"运动与力"的内容，所以，她给他们提供了明确的线索，帮助学生将两者的内容关联起来。她明确地说："对于造桥前需要考虑哪些因素这一核心问题，你在思考时不妨想一想牛顿第三运动定律，即作用力和反作用力总是大小相等，方向相反。"

第四章
线索、问题和先行组织者

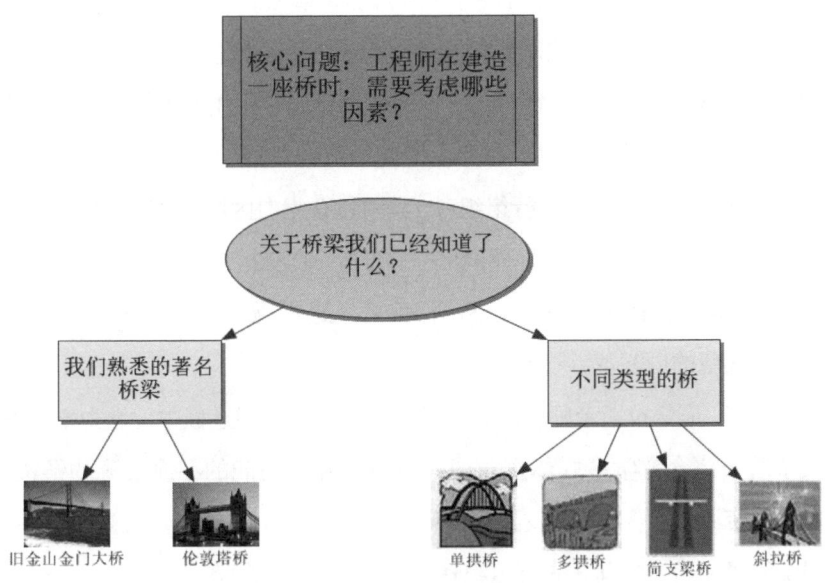

图 4.1　用 Inspiration 提供线索和问题的例子

作为一名教师，当你把线索和问题像道格拉斯老师这样呈现给学生时，学生就会对将要学习的内容有一个清晰的认识。为了协助学生的学习过程，教师需要寻找恰当的机会激活学生的背景知识，从而提供一个探索的方向。技术能为你提供适合多种学习风格的、可编辑的直观教具和多媒体资源。听觉型学习者为了更好地理解，可以反复地聆听教学信息。视觉型学习者可以把图片和视频作为视觉线索，用来理解所学的内容。视频中运动的影像可以帮助动觉型学习者把运动与力和桥联系起来。

让我们来看看道格拉斯老师会如何使用同样的软件创建先行组织者，进而帮助 6 年级学生学习桥的知识。Kidspiration 软件和 Inspiration 软件是创建先行组织者，尤其是图解式先行组织者的理想工具。不论学生是通过数字化的方式使用这些组织者，还是打印出来通过手写的方式加以使用,组织和头脑风暴软件都允许学习者添加和组织信息。

对于这堂课,道格拉斯老师的目标是希望学生能把所学的牛顿运动定律中的概念,应用到现实世界中去。她特别希望学生能够了解不同种类的桥,以及工程师是如何判断在什么情况下适合建造什么类型的桥。她用Inspiration创建了一个先行组织者,其中包含空白区域,用来填写桥梁的类型和桥梁上的作用力。她还留出空白部分,意在指导学生在其中画出各种类型的桥,并在桥上用箭头标出作用力。此外,她还附上了一个单词库用以引入新的词汇。

接着,道格拉斯老师将多媒体运用到提示与提问过程中。她为学生提供了若干包含教学多媒体资源或具有教学互动功能的在线资源的链接。在这些资源中,学生可以找到完成先行组织者所需要的信息。这里所列举的资源可被归为陈列式先行组织者或略读式先行组织者:

● How Bridges Work(http://science.howstuffworks.com/bridge.htm)。该网页对桥梁工程中涉及的原理进行了详细的解释。文章由多个章节构成,而且相应的词汇已被加粗标记。

● PBS Building Big: Bridges(www.pbs.org/wgbh/buildingbig/bridge/index.html)。这一系列教程通过应用程序和小游戏介绍桥梁、圆顶、摩天大楼、水坝和隧道背后的物理原理。

● NOVA Online: Super Bridge(www.pbs.org/wgbh/nova/bridge/)。这个模拟程序能够让学生认识不同种类的桥,并通过判断不同情况下适合建造怎样的桥来运用所学技能。

● BrainPOP(www.brainpop.com/technology/scienceandindustry/bridges/)。这部短片介绍了有关桥的基本词汇和概念。

在浏览和使用这些资源的过程中，学生一边学习新词汇和概念，一边将先行组织者中的空白处补充完整。图4.2显示了一名学生完成的组织者。

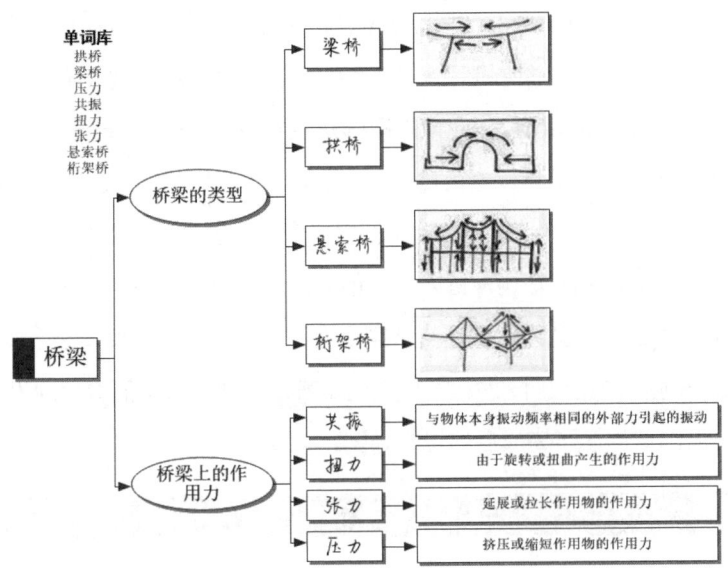

图 4.2　用 Inspiration 创建的先行组织者

当学生深入学习概念后，教师可以扩充这个先行组织者。随着学生学习更多的词汇，他们的单词库扩大了。如果道格拉斯老师愿意的话，她甚至还可以选择在一个单元结束的时候，使用这个组织者作为最终评估工具，让学生将文本或图像填入空白的图解式先行组织者中。

让我们来看看另外一个使用先行组织者和头脑风暴软件激活先前知识的例子。科勒姆（Corum）是一位小学教师，刚开始教授学生有关运用数学解决问题的单元内容。她希望学生对于如何解决复杂的数学问题有一个清晰的了解，还想在介绍问题解决过程的模型前，对学生已有的理解进行一个形成性评价。

为了让学生将注意力聚焦到问题解决这一主题上，科勒姆老师把学生分成三组，让他们轮流解释如何去解决一道给定的应用题。她指导学生关注过程而不是结果。大概10分钟之后，她在连接了投影仪的电脑上打开Webspiration Classroom（www.webspirationclassroom.com），登录账号，带领学生进入这堂课的后一部分的学习。学生看着她键入这样的核心问题："解决数学应用题，你应该采取哪几步？"然后，科勒姆老师选择工具栏上的RapidFire工具，这个工具可以将单词和短语制作成思维导图。之后，她把电脑交给助教，助教会混合使用线索和问题策略，促进学生头脑风暴。由于RapidFire在用户键入文字的同时就能自动生成思维导图，因此它有助于学生把注意力集中到头脑风暴上，而不是关注技术本身。当学生踊跃提出他们的建议时，助教把他们的发言记录到全班都能看到的投影屏幕上。图4.3展示了完成后的思维导图。

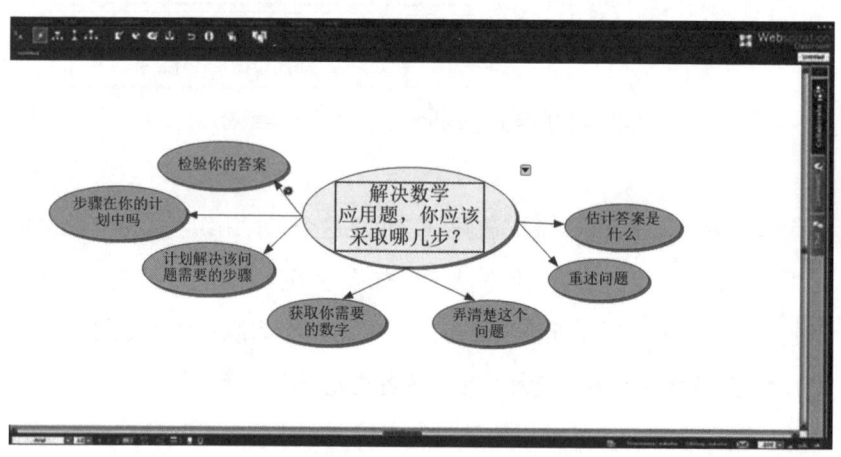

图4.3　用Inspiration中的RapidFire功能集思广益的例子

iPad上的图解式先行组织者

在iTunes商店中可以下载几十款为学生和教师提供图解式先行组织者的应用程序。在第一章中，我们已经展示了如何使用MindMeister创建

第四章
线索、问题和先行组织者

KWHL 表格,它同样可以在学生学习新材料时帮助创建图解式先行组织者。

教师和学生可以使用诸多绘画工具中的一种,直接在他们的 iPad 上绘制图解式先行组织者。这里有个例子。斯坦丁·贝尔(Standing Bear)是一位高中生物学教师,在她的学校里,每名学生都有一台 iPad。当学生学习真核细胞和原核细胞之间的区别时,她建议他们打开保存在照片程序里的维恩图"blackline master"。在开始上课前,斯坦丁·贝尔老师已经用 ASCD 账号从《有效的课堂教学手册》(*A Handbook for Classroom Instruction That Works*)一书中为她的学生下载了这张维恩图。接着,她让学生打开画图程序,选择这张维恩图作为背景。现在,他们可以把自己学到的有关上述两种细胞的区别,用书写或绘画的方式表现出来。图 4.4 显示了一名学生的先行组织者范例。

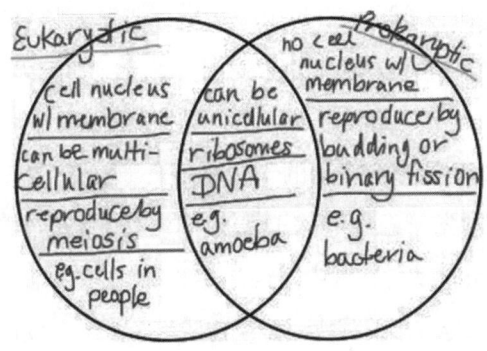

图 4.4　用 iPad 上的画图程序制作的维恩图

▶ 教学媒体

开展在线讨论是运用线索和问题策略的一种有效方式。虽然评价在线讨论比较难,但你可以在 http://rubistar.4teachers.org 网站上通过搜索关键词"blog"来获得很多有关评价在线讨论的量规。

| 技术促进课堂有效教学
USING TECHNOLOGY WITH
CLASSROOM INSTRUCTION THAT WORKS

这里有一个如何在在线讨论中使用线索和问题策略的例子。海斯尔（Hiser）是高中政治教师，他正在教授的内容是法案如何变成法律。虽然海斯尔老师有很多可用于该堂课的优质媒体资源，但为了保持学生的注意力，使他们聚焦学习目标，他不想长时间播放视频，以免学生感到无聊、找不到重点或昏昏欲睡。幸运的是，他的学校为每名学生在 My Big Campus（www.mybigcampus.com）网站上设置了账号。海斯尔老师指导学生在电脑上登录账号，进入课程页面，在那里，他发布了纪录片《法案如何变成联邦法律》(*How a Bill Becomes a Federal Law*)中一段时长为 20 分钟的节选链接，该纪录片源自利奥诺·安南伯格公民学院。他同时在线发布了若干线索和相对应的视频时间码，以帮助学生回答他在他们的博客中所提出的问题。学生各自在自己的电脑上戴耳机观看视频，并在指定的时间码暂停视频，登录博客去回答问题。在这个过程中，海斯尔老师会密切关注着博客并进一步发布线索和问题，以此激发学生讨论并阐明可能出现的误区。

这里还有另一个使用教学媒体介绍新概念的例子。学前班的米切尔（Mitchell）老师正要给她班上的学生讲授一堂认识字母"M"的课。她决定使用多媒体先行组织者来开始她的教学。她登录芝麻街(www.sesamestreet.org)官网，在其中搜索有关字母"M"的资源。米切尔老师发现了很多优秀的视频。比较之后，她决定使用一个名为"法律与秩序：失踪的 M"(*Law & Order: The Missing M*)的视频。她发现这个视频不仅能够很好地介绍字母"M"，还非常有趣。她还找到一个名为"克米特字母表"(*The Alphabet with Kermit*)的视频，并且觉得它能帮助学生学习所要讲授的主题。

在第二天的课堂上，米切尔老师让学生来到教室前面的阅读区，并把她的电脑连接投影仪。她告诉学生他们要学习一个新的字母，然后播放了克米特的视频。在视频中，有一个四岁的男孩在唱字母歌时忘了唱字母"M"，克米特告诉这个男孩他唱得很好，只是忘记唱字母"M"了。这个先

第四章
线索、问题和先行组织者

行组织者将学生的注意力集中到他们接下来要学习的内容——字母"M"上。之后,他们围绕字母"M"开展了系列的剪纸和涂色活动。

在另外一个例子中,教授10年级语言艺术课的辛普森(Simpson)老师希望在学生阅读约翰·斯坦贝克(John Steinbeck)的《愤怒的葡萄》(*The Grapes of Wrath*)之前为他们提供参考。她通过 PowerPoint 向学生展示了大萧条时期流离失所的农夫的形象。辛普森老师觉得这些视觉材料可以让那些没有真正体验过饥饿和绝望的学生更好地体会那个时代的艰辛。虽然她知道沙尘暴(Dust Bowl)时期的图片会给学生留下深刻的印象,但她断定视频能带来更大的影响。她通过 Google Video 搜索到了几个视频片段,她觉得这些片段会让学生清楚地了解整个沙尘暴时期人们的生活。你可以从下列资源中找到在线视频片段:

◁ Discovery Education Streaming

http://streaming.discoveryeducation.com

在学习活动的开始可以使用这个教育视频库创建先行组织者。库中的很多视频还涉及评估的问题。

◁ The Internet Archive

www.archive.org

作为"时光机器"和互联网档案馆,该网站除了保存有大量不同时期的网页副本,还包含了20世纪以来的诸多视频片段。

◁ Google Video

http://video.google.com

Google 旗下的视频搜索引擎,键入关键字就能搜索到具体的视频片段。

109

| 技术促进课堂有效教学
USING TECHNOLOGY WITH
CLASSROOM INSTRUCTION THAT WORKS

◢ Watch Know

www.watchknow.org

这个目录包含了成千上万个优秀的教育视频。网站基于维基对这些视频进行了审查、批准,并将它们分配到合适的类别。

◢ Creative Commons

www.creativecommons.com

这是一个非营利组织,它为创意作品提供灵活的版权许可。该引擎可以帮助查找旨在公开使用的无版权纠纷的材料,包括图片、音频和出版物。

▶ 教学交互

教学交互也能为学生提供先行组织者。举例来说,6 年级教师卢尔斯(Lewers)正在教授学生有关星座、星云以及夜空中的行星等知识。她真的很想带学生到一个天文台,让他们看到行星和星云,但实地考察在她的学区是受到限制的。幸运的是,她的班级不久前添置了 iPad。卢尔斯老师让学生在 iPad 上下载了星图(Star Chart)App。这个 App 能让学生通过把 iPad 举向天空来看到行星、恒星、星云和星座的精确图片。因为这个 App 和 iPad 的 GPS 相连接,学生即使在下午的时候也能清楚地看到夜空(见图 4.5)。卢尔斯老师的一个学生,名叫阿什琳(Ashlyn),她通过这个 App 很快找到了北极星,看见了组成小熊座的各星之间的连线,还看到了地平线。借助星图 App 这一先行组织者,阿什琳对接下来两周在家中要尝试识别什么星座有了更好的想法。她可以把 iPad 带回家,比较一下星图上所呈现的和真正的夜空有什么不同。这让她即使在阴天的夜晚也能完成家庭作业。

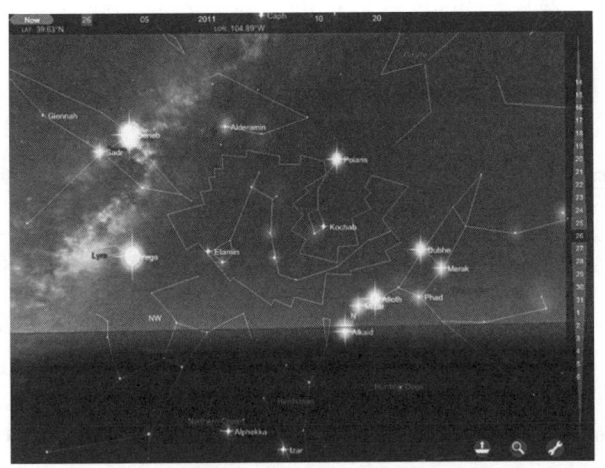

图 4.5 用星图显示北极星和小熊座的屏幕截图

社交书签

教师可以考虑使用社交书签服务为先行组织者收集资源。例如，他们可以为某一个具体主题创建一个 Diigo 组，就像我们在第三章中提到的那样。教师可以针对具体的内容、年级或项目创建小组，可以为每一个资源提供一个"标签"，即用一个词语描述其内容。教师甚至可以把某些资源当作良好的先行组织者进行标记。例如，BrainPOP Jr. 上有关"ch"的视频，可以用"ch""多媒体"和"先行组织者"作为标签，保存在有关幼儿园识字的 Diigo 组里。一群高中教育者决定创建一个汇集资源的 Diigo 组，帮助他们把纳米技术整合到现有的科学课程里。当每一个老师都创建了一个 Diigo 账号之后，其中一个老师创建了一个叫 NanoTeach 的组，名字来源于他们参与的一项由 McREL 开展的研究性学习。然后，他邀请了另一批有兴趣的老师加入了该组。大家可以在以下网址中找到他们收集的资源：http://groups.diigo.com/group/nano_teach。

第五章
非言语表征

非言语表征能提高学生运用心象来表达和阐述知识的能力。我们简单回想一下会发现，知识的储存形式有两种，即言语的形式（比如语言）和非言语的形式（比如心象和身体感觉）。个体运用这两种表征方式越多，他们就越能反思和回忆起所学知识。教师通常用言语的形式来展示新知识，也就是说，他们要么向学生讲授新内容，要么让学生阅读新内容。若教师还可以指导学生使用非言语表征，那么对学生的学习结果将有非常大的促进作用，原因在于非言语表征和学生采用视觉图像处理的天然倾向是合拍的（Medina，2008），它能帮助学生对所学内容和技能进行有意义的建构，并在事后更好地回忆。举例来说，数学和科学中使用的图表和模型可以帮助学生表征无法观察到的现象，如分子中原子的排列以及相互作用过程中的变化。在其他学科中，学生可以利用非言语表征（如图解式先行组织者）把信息组织在概念框架之中。运用这些策略的终极目标是"在学生的头脑中建构非言语表征"，从而使其能够更好地加工、组织和检索记忆中的信息（Marzano，Pickering，& Pollock，2001，p.73）。

对于在课堂实践中运用非言语表征，我们有五条建议：

第五章
非言语表征

建 议

- 使用图解式组织者。
- 制作物理模型或教具。
- 生成心理图像。
- 绘制图画、插图和形符。
- 参与动觉型活动。

技术对图解式组织者的创建以及心理图像和形符的生成有着显见的促进作用。根据马扎诺最初的元分析（Marzano, 1998），使用图形表征是对学生成绩影响最大的一个指标之一，其平均效应量为 1.24。技术在动觉型活动中的作用也越来越明显。新的硬件和软件，例如任天堂（Nintendo）的 Wii 和 Xbox Kinect 这样的产品，可以让用户通过物理传感器发出和接收信息。这些产品在过去的十年里已大肆进军商业市场。虽然它们在课堂教学中的应用尚未实现，但潜力巨大。此外，乐高（Lego/Logo）机器人、科学探究器以及可以与用户的地理位置和动作互动的 iPad 应用程序也是技术与动觉型活动相结合的案例。

在本章中，我们将介绍以下几种可以帮助教师提供及帮助学生生成心理图像和形符的技术类型，分别是：文字处理应用程序、数据收集和分析工具、组织和头脑风暴软件、数据库和参考资源、多媒体、教学交互以及动觉技术。

▶ 文字处理应用程序

文字处理软件允许学生在书写的过程中轻松地插入剪贴画和照片。这一策略对处于阅读初期的读者或是英语学习者特别有帮助，因为他们特别受益于视觉线索(Hill & Flynn,2006)。在笔记中添加图片也已被证明有助于理解和记忆新内容(Marzano,1998)。

  这里举一个例子,幼儿教师拜尔斯(Byers)正在教学生学习字母"D"的发音,她通过投影仪向学生展示了一个文字处理文档,把字的大小设置为26磅,字体为"Century Gothic"(一种适合年轻阅读者看的字体)。之后,她让学生思考哪些单词是以字母"D"开头的。学生一边回答,拜尔斯老师一边键入这些单词,并把单词中的字母"D"设置成粗体和加下划线的格式。然后,她以第一个单词为例,教授学生如何插入剪贴画。她边操作边解释:"要在单词处添加图画,首先找到光标,就是在单词前面闪烁的那条线,把它移动到你要插入图片的位置。操作完毕后,我要选择'插入(Insert)'功能。谁能告诉我Insert这个单词是以什么字母开头的?很好!是字母'I'。在我的菜单里找到字母'I'了吗?对了,在那一行的第四个字母。"

  拜尔斯老师在演示插入剪贴画步骤的过程中不断给学生以引导。尽管对于幼儿园孩子而言,他们不一定能第一时间做到自己操作,但他们观看到了老师插入剪贴画的过程。拜尔斯老师让不同的学生选择她贴在每个单词旁边的剪贴画,通过这种方式,用形符帮助学生记住那些以"D"开头的单词。当他们结束这个活动时,呈现的文档如图5.1所示。

图5.1 图形增强笔记:以字母"D"开头的单词

剪贴画版权所有©2012 Jupiterimages Corporation

此时，拜尔斯老师可将这个文档打印出来，把它放入学生的家庭作业夹中，也可以贴到布告栏中，还可以放在每个学生的桌上，以及将它放在班级网站上或其他任何学生能看到的地方。学生看到后就能收到关于字母"D"发音的非言语提示。

类似的活动也可以使用 iPad 中的应用程序如 AudioNote、DrawFree 等，或 iPod 上的语音备忘录来完成。AudioNote 允许学生在将所学内容进行录音的同时绘制图片。在回放的时候，和音频同步的绘制内容将自动突出显示成蓝色。图 5.2 显示了一个学生使用 AudioNote 解释二分之一、四分之一和八分之一之间的关系。

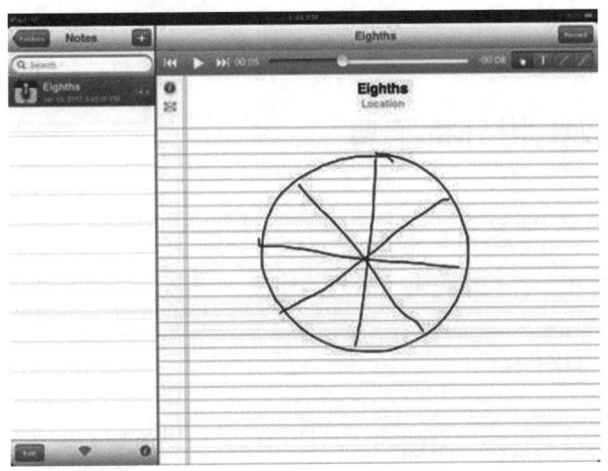

图 5.2　学生用 AudioNote 进行学习的屏幕截图

同样的技术可以且也应该被年长的学生运用在识记操作步骤或新学单词上。图 5.3 显示了一个学生利用 iPad 上的 PaperDesk 应用程序描绘她对水循环的理解。当她学习关键单词时，她也用这种方式记录单词，以便日后能够更好地记住这些单词。

图 5.3　学生用 PaperDesk 创建的水循环作品

▶数据收集和分析工具

电子表格,连同数字传感器和数码显微镜一起使用,为学生使用非言语表征收集和分析数据提供了有效的途径。

电子表格软件

电子表格软件最主要的功能是让用户方便地将输入的数据转化为图表。虽然它常被用于商业环境,但也是将数据用非言语表征表达的有力工具。

大卫·沃利克(David Warlick)(http://davidwarlick.com)是一名教育技术顾问和演说家,他提出了一种使用电子表格软件将数据转化为非言语表征的有效方法。在某次活动中,他向教师们演示如何开展这样的活动。首先,他打开美国地质调查局(http://neic.usgs.gov/neis/gis/qed.asc)网站并找到过去 30 天内软件记录的数据情况(见图 5.4)。大多数人看到这一大串数据之后不知道这些数字意味着什么。沃利克把这些数据导入电子表格，稍微进行了一下格式化，生成了一个 xy 散点图。接下来介绍的是利用 Excel 将图 5.4 的信息转化为非言语表征的步骤：

```
Date,TimeUTC,Latitude,Longitude,Magnitude,Depth
2011/08/23,09:37:57.5,37.099,-104.711,3.2, 5
2011/08/23,07:17:58.4,37.076,-104.637,3.7, 5
2011/08/23,07:01:35.1,37.109,-104.55,3.2, 5
2011/08/23,06:56:59.4,37.110,-104.722,3.5, 5
2011/08/23,06:04:56.1,42.100,142.480,4.8, 46
2011/08/23,05:46:19.1,37.118,-104.622,5.3, 4
2011/08/23,04:56:52.9,12.010, 44.042,4.9, 10
2011/08/23,03:55:57.4,14.321,-90.055,4.4, 22
2011/08/23,03:20:01.9,-56.172,-27.076,4.9,110
2011/08/23,02:48:52.0,37.056,-104.726,3.0, 5
2011/08/23,01:23:00.4,33.155, 76.839,5.1, 42
2011/08/23,00:41:14.7,-22.071,-179.193,4.6,520
2011/08/22,23:30:20.1,37.039,-104.531,4.6, 5
2011/08/22,22:38:37.7,35.565,-97.361,2.5, 6
2011/08/22,22:24:53.8,52.769,-169.84,4.6, 57
2011/08/22,22:18:50.9,-18.291,-177.727,5.0,630
2011/08/22,20:12:20.5,-6.41,103.985,6.0, 31
2011/08/22,17:39:38.6,-18.334,168.111,5.0, 37
2011/08/22,16:25:21.6,38.552, 69.586,4.8, 25
2011/08/22,16:02:08.1,-18.25,-177.966,4.6,629
2011/08/22,15:26:11.1,37.421,141.434,4.4, 45
2011/08/22,14:55:32.1,-7.42,128.126,4.9,162
```

图 5.4　未格式化的地震数据（下载自美国地质调查局网站）

1.选择**数据 > 自网站**，在地址栏中输入 http://neic.usgs.gov/neis/gis/qed.asc。

2.选择窗口左上角的小箭头以挑选要导入的页面，点击**导入**，然后**确定**。

3.现在你的数据应该出现在电子表格里了。删除可能已导入的无关材料，确保数据的列都表示在正确的轴上。突出显示 A 列下方所有的数据，选择**数据 > 数据工具 > 分列**。

4.这时会出现一个窗口，询问最合适的分列类型。选择**分隔符号**，然后单击**下一步**。

5.选择分隔符号中的**逗号**，并取消选择其他选项，如 **Tab 键**。点击**下一步**，然后点击**完成**。现在你的数据应该整齐地显示在各个列里了。每列标题依次为：数据、格林尼治时间、纬度、经度、震级和深度。

6.选择数据、格林尼治时间、震级和深度等列，将其删除，这样做是为了去除与该活动无关的多余材料，只留下纬度和经度的数据。

7. 我们的目标是在 xy 坐标轴上把这些数据展示出来，不过，纬度和经度的数据需要换个位置。也就是说，如果用默认的数据顺序，你会创建出一个与世界地图关于 $y=x$ 对称的图像。因此，你需要选择经度列并**剪切**，然后选择纬度列左侧列进行**粘贴**，这样做之后，经度列就排在第一列，纬度列则排在第二列了。

8. 接下来，选中所有列中的数据，选择**插入 > 散点图 > 带数据标记的散点图**。

9. 为了让图表更清晰，选择**图表工具 > 格式 > 大小**，接着点击箭头形状的按钮，然后选择**锁定纵横比 > 关闭**，现在你可以拖动图表的角来放大它。你还可以选择删除或更改标题，或使用**图表工具 > 图表布局 > 图例**来关闭图例。在图表布局菜单中，选择**坐标轴标题**能够为横、纵坐标轴添加标题，我们可以将标题文字更改为"经度"和"纬度"。

10. 选择表中任意一个数据标记，单击一次。然后选择**图表工具 > 格式 > 当前所选内容 > 设置所选内容格式**，选择**数据标记选项**，把大小更改为"2"，使它变得更小些。这样，表的样式更方便分析了。

完成的图表看起来应该如图 5.5 所示。

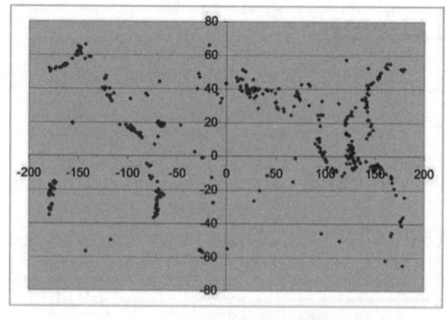

图 5.5　用 Excel 创建的地球断层线图

第五章
非言语表征

按这些步骤操作的教师会把最初毫无意义的一串数字变成非言语表征。学生因此能看到有关这些数据的散点图，并能尝试回答以下问题：

- 哪条线代表赤道？
- 哪条线代表本初子午线？
- 阿拉斯加的阿留申群岛在哪里？
- 加利福尼亚的断层线在哪里？
- 图中能看到"环太平洋火山带"吗？
- 为什么有的区域数据比其他地方密集？
- 最近新闻上播出的自然灾害和图上经度150度位置上的标志之间有什么关系？
- 我们能将这些数据标记在世界地图上吗？

另外一些电子表格技术也能被用来很好地完成这一工作。举例来说，Inspiration公司出品的InspireData软件可以让学生输入数据，并在绘图视图中将这些数据用非言语符号和图片的方式进行组织和整理。软件有好几种选项：维恩图、堆叠图和饼图。学生可以用多种方式标记材料，用不同的配色方案表示不同的数据类别，并按标签、颜色和绘图类型整理数据。

技术在课堂中的最佳用途之一是让学生以不同的方式来看待信息，并进行批判性思考。在传统的情况下，9年级的社会老师弗雷泽（Frazier）会让学生调研中美两国的数据并查看两国在经济上的差异。她的一位学生，名叫吉尔（Jill），则会去图书馆查找信息，并获取几年前的最新数据；吉尔也可以在线搜索每个国家或地区，通过成千上万次的点击来整理数据，并尽量去理解庞大数据集的意义。不过，她可用的一个更好的工具就是WolframAlpha（www.wolframalpha.com）。吉尔在该网站搜索框中键入

"United States and China",便立即看到了一组清晰的、有关两国当前经济的数据(见图 5.6)。比起花大量的时间去寻找有效且新近的数据,吉尔如今很快就可以看着数据并思考其意义。例如,她看到美国和中国在大多数排名里都占据第一和第二的位置,但在人均国内生产总值(GDP per capita)方面,美国目前排在全球第 20 位,而中国则排在第 136 位。不过,国内生产总值实际增长率(GDP real growth)方面,美国排在第 127 位,中国则是第 20 位。看着这些数据,吉尔开始设想未来这两个国家什么时候会交汇在一个点上。

Economic properties	United States	China
GDP	$14.6 trillion per year (world rank: 1st) (Q2 2010 estimate)	$5.308 trillion per year (world rank: 2nd) (Q2 2010 estimate)
GDP at parity	$14.6 trillion per year (world rank: 1st) (Q2 2010 estimate)	$9.418 trillion per year (world rank: 2nd) (Q2 2010 estimate)
real GDP	$14.37 trillion per year (price-adjusted to year-2008 US dollars) (world rank: 1st)	$4.327 trillion per year (price-adjusted to year-2008 US dollars) (world rank: 3rd)
GDP per capita	$46 000 per year per person (world rank: 20th) (Q2 2010 estimate)	$3920 per year per person (world rank: 136th) (Q2 2010 estimate)
GDP real growth	+ 2.5% per year (world rank: 127th) (Q1 2010 estimate)	+ 9% per year (world rank: 20th) (2008)
Gini index	0.408 (world rank: 69th highest) (2000)	0.415 (world rank: 63rd highest) (2005)
consumer price inflation	− 0.36% per year (world rank: 157th) (2009)	− 0.7% per year (world rank: 164th) (2009)
unemployment rate	9.26% (world rank: 65th highest) (2009)	4.3% (world rank: 144th highest) (2009)

图 5.6　比较美国和中国 GDP 的 WolframAlpha 图

来源:http://www.wolframalpha.com/input/?i=United+States+and+China(2011 年 9 月 14 日访问)

当吉尔使用 WolframAlpha 时,她的朋友莉娜(Lena)使用了她爸爸告诉她的一个网站——Gapminder（www.gapminder.org）。像 WolframAlpha 一样，Gapminder 向莉娜展现了两个国家的经济数据，但是 Gapminder 显示了从 1856 年开始的长期的历史数据，并一直预测到 2014 年（见图 5.7）。她可以清楚地看到，随着时间的推移，这两个国家之间存在的差距出现了何种变化。利用今日数据和历史趋势，她做出一个合理的假设。

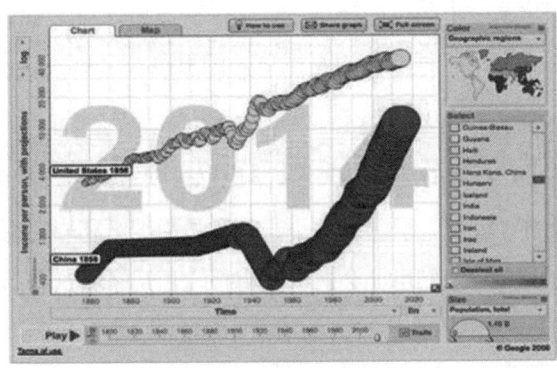

图 5.7　显示美国和中国逐年经济增长的 Gapminder 图

当班里一些学生花时间收集数据并最终完成了有关两国当前 GDP 的报告时，吉尔和莉娜将时间用来分析数据，基于这些描述趋势的数据对未来进行预测并写成报告。她们不再是简单地收集数据，而是开展分析、评价数据等更高阶的认知活动。

数字传感器和数码显微镜

技术作为帮助学生的工具已有一定的年头了，它让学生摆脱了重复计算、手工绘图和画草图。如今的数字传感器和数码显微镜具有摄影和录像功能，因此能获取信息和图像——其中一些是非言语表征形式的——并对它们进行分析、综合和评价。

显而易见的是，传感器和显微镜在科学课上是有用的工具。不过，其实所有的科目都可以通过部分地使用这些工具来提高课程质量。例如，语言艺术和社会类课程可以在戏剧制作、人类学研究和模仿表演等活动中用上数码光学仪器中的摄影和录像功能。音乐课上可以使用声音传感器来分析音乐。数学课上可以用传感器收集的数据来验证方程式图象的实例。尽管如此，我们还是用两个科学主题的例子来说明如何使用这两个相关技术：第一个例子是学生使用数字传感器来比较白炽灯泡和节能灯泡的温度和亮度；第二个例子是学生使用数码显微镜观察晶体形态和鲎虫，一种地球上最古老的微型甲壳类动物。

当然，要研究灯泡的温度和亮度，学生也可以用肉眼、标准的温度计或秒表，后两者曾经也是"高科技"。下一步则是用图纸和彩笔将观测到的数据描绘成图。之后，他们可能会在一张海报上用尺子将这些信息画成一幅更大的示意图。这样的方法听起来不错，而且事实上，我们许多人都是通过这些方法学习的。不过，显而易见的是，现代技术在提高效率和准确性，以及优化分析和演示方面有一定的优势。学生能够通过放大镜观察晶体形态和鲎虫，但数码显微镜可以大大增强观察活动的效果。今天的技术能够让我们拍摄静态照片、插入数字标签、录制视频片段，以及在演示文稿中使用通过技术获得的图像。这一过程方便、快捷，而且结果看起来很专业。

数字传感器

对于任何你能想到的科学测量，你都可以用数字传感器来收集数据。通常你购买传感器时，它都会自带具有数据记录、分析和绘图的软件。学生一旦学会了绘图的基础知识，他们就可以跳过无聊的、容易出错的数据录入过程和耗时的手工绘图过程，直接进入高阶的问题解决和思考活动。不同的传感器供应商（如 Vernier、Pasco、HOBO 和 Fourier）专注于不同的领域，比如无线（蓝牙）数据传输、长期数据记录和一体化小型多探头。

所有这些牌子的传感器都能让用户收集数据,并将数据转变成图形以便进一步分析。

这里介绍的是一个将数字传感器整合到课堂中的例子。埃纳帕(Enapay)老师正带领 8 年级学生进行一个科学探究活动。在讲完有关能量形式的课之后,埃纳帕老师让学生预测重力势能和动能之间的关系。他向学生介绍了 Pasco 公司推出的 SPARKvue 软件,该软件可以利用重力势能($E_P=mgh$)和动能($E_K=\frac{1}{2}mv^2$)的公式来比较一个运动物体(如弹球或钟摆)两种能量形式之间的关系。他的学生曾通过手工将数据绘制成了图片,但这个过程非常耗时,而且不够精确和便于分析。因此,他希望今年有了传感器的帮助,活动可以完成得更顺利些。

埃纳帕老师的学生用运动传感器同步收集势能和动能的数据,如图 5.8 所示。SPARKvue 软件根据收集的数据即时创建了图表。当学生把数据和自己的预测进行比较时,他们对能量这一概念有了更深的理解。学生保存了图表,用于后续的报告或演示。

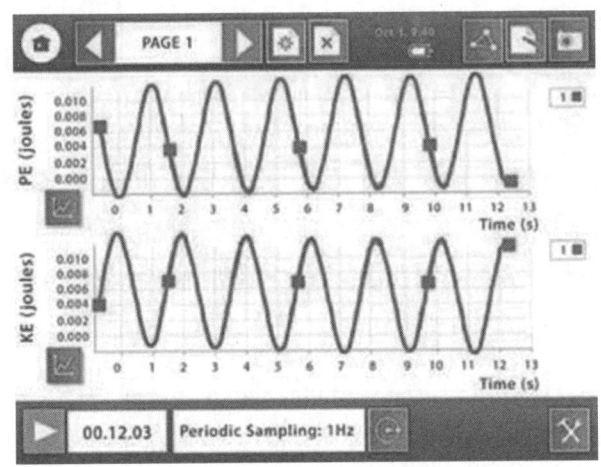

图 5.8　用 Pasco SPARKvue 创建的势能和动能比较图

埃纳帕老师注意到,因为使用了传感器,学生花在数据计算和数据呈现上的时间减少了,这两种活动处在布卢姆教育目标分类表中较低的层次上。相应地,他们花更多的时间在分析和评价图形模式等高阶活动上。

Vernier 公司推出的软件 Logger Lite 比较适合低龄学生,它界面上的按钮比较大、容易识别,有助于低龄学生查看数据。科布(Cobb)是一名幼儿园教师,她用数字传感器和 Logger Lite 帮助学生理解隔热的概念。上课一开始,她问学生为什么冬天戴连指手套和分指手套能让他们的手保持温暖,有些学生认为手套本身是暖和的。为了验证这个说法并说明"隔热"这个概念,科布老师把传感器放在她的桌子上并读取了教室里温度的数据。虽然数字化的温度值本身没有意义,但学生能看到代表温度值的线条,并能观察到温度变化带来的线条升降变化。科布老师随后把传感器放到一个空手套里,学生发现温度没有变化。然而,当一个志愿者把手伸进有探头的手套里时,学生注意到温度开始上升了。此时,学生对该现象有了一个更好的理解,即手套里面的手释放了热量,手套把这种热量包裹住了。通过使用该软件,科布老师以一种幼儿园孩子能理解的、生动的、非言语的图片形式展示了数据,从而免去了对数字和温度值的解读。

数码显微镜

大多数显微镜制造商都能制造出将图像导出到电脑的显微镜。然而,那些功能最丰富的数码显微镜,是可以与传统的设备相连当手持装置使用的。不像传统显微镜,这些数码显微镜自身带拍照、录像和延时拍摄等功能。当插入电脑的 USB 接口进行电源连接和数据传输之后,有些甚至还能将书中的页面或杂志上的文章等投影到屏幕上。像 ProScope, Konus, Ken-A-Vision 和 Scalar 这样的显微镜供应商和生产商销售各种型号的手持的和可安装的数码 USB 显微镜。ProScope 还推出了一款无线显微镜,它可以通过 AirMicroPad 应用程序将画面投影至 iPad 上。

教师可以让学生在研究时使用数码显微镜，也可以在之后用其来生成图表，便于后续的分析和展示。图 5.9 呈现的是用 ProScope 数码显微镜拍到的微观黄玉晶体图片，人用肉眼是无法看到这些晶体形态的。而且，晶体的表面凹凸不平，不适合被放在显微镜载玻片上，因此无法成为适合传统显微镜的好标本。然而，借助数码显微镜，你可以拍到其放大了的凹凸不平的表面，这让你有机会看到呈现完美天然形态的晶体。虽然不均匀的形成环境和杂质会引起晶体的变形，但你总能找到一些形状还可以的。在以下图片中，你能找到六边形的晶体吗？

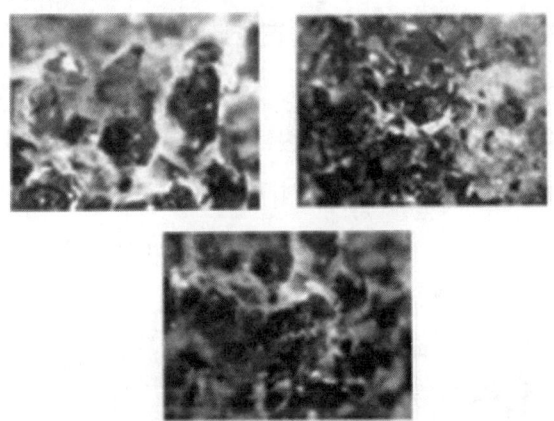

图 5.9　用 ProScope 数码显微镜拍摄的晶体图片

数码显微镜还能用于拍摄活体微型生物视频。图 5.10 显示的是另一幅用 ProScope 数码显微镜拍摄的图片：它是一个视频片段中的第一帧画面，记录了在有盖培养皿中游动的一条鲎虫。鲎虫这种微型生物的历史可以追溯到三叠纪，它们生活在间歇性池塘环境中。它们在 90 天的时间内完成孵化、繁殖和死亡的全过程，卵可以持续休眠几十年，直到一次强降雨把它们冲进池塘里，它们才开始孵化。

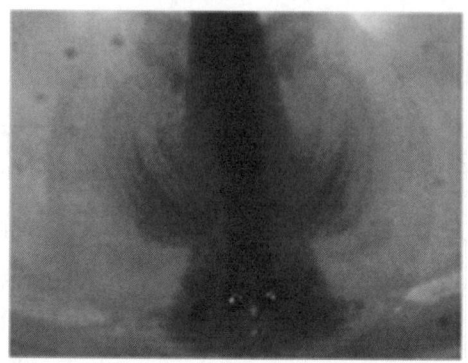

图 5.10　用 ProScope 数码显微镜拍摄的鲎虫视频画面

除了以上两种功能,数码显微镜还能帮助学生拍摄延时视频。图 5.11 显示的画面来自一段记录植物生长的延时视频,该视频是明尼苏达州斯蒂尔沃特市斯蒂尔沃特中学富格里斯达(Fuglestad)老师科学课上的学生作品。这些作品能够反映植物生长随时间推移的变化情况,所记录的数据可以加强学生"观察"这一科学技能。数码显微镜的运用可以让学生捕捉到那些容易被忽视的现象。

图 5.11　记录植物生长的延时视频画面

特别鸣谢斯蒂尔沃特中学及其科学老师皮特·富格里斯达先生

第五章
非言语表征

▶ 组织和头脑风暴软件

图形表征可以作为一种记忆手段用来促进分类、组织、存储和回忆那些进出长时记忆的信息。这种学习方式对视觉型学生尤其有利。组织和头脑风暴软件为教师和学生提供了创建各类模型组织者的方式，以建立从新单词到复杂系统的概念性理解。

Inspiration, SmartTools（和 SmartBoards 一起使用），甚至是 Microsoft Office 中的 SmartArt 工具，都可以用于组织观点和表示课程概念。你可以从在模型组织者中使用文字和短句开始，然后将视觉、听觉和动觉的描述添加进去。在以下小节中，我们会介绍六种常见的模型组织者类型，它们是概念性模型组织者、描述性模型组织者（在例子中将两者结合起来了）、归纳／原理模型组织者、时序模型组织者、事件模型组织者和过程／因果模型组织者。

概念性模型组织者和描述性模型组织者

教师可以把概念性模型组织者和描述性模型组织者结合起来用于多种场合和多个目的，包括讲授有关某个人物、某个地方、某个事物、某个事件或某个词汇的一些事实和特点。这种模型类型比其他模型更开放些，便于与学生一起在课堂讨论过程中创建。你可以在 Inspiration 的模板文件夹里找到实例。例如，在"语言艺术"文件夹里面有"字词汇"模板，在"思维技能"文件夹里有"支撑观点"模板。

图 5.12 呈现的是一个用于学习词汇"助记符"的描述性模型组织者。这是一位 5 年级的教师和他的学生所创建的范例，它改编自 Kidspiration 软件中"读写活动"文件夹里面的"字词汇"模板。该教师希望学生仿照这个范例创建属于自己的字词汇描述性模型。活动刚开始的时候，学生使用

127

文字描述,之后插入相关的图像,以加深学习,提高知识的保持水平。

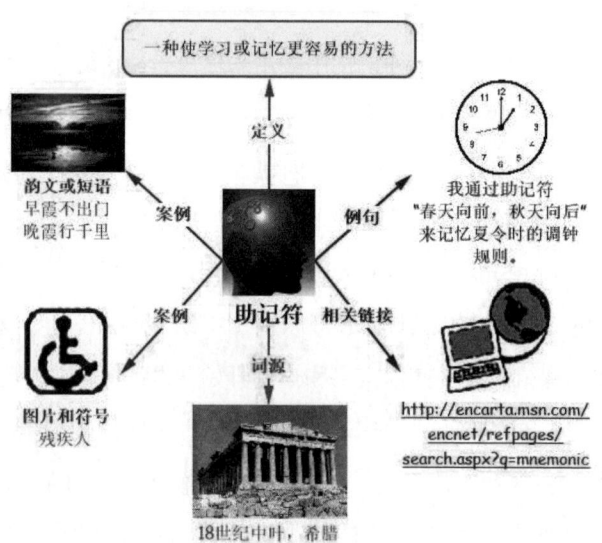

图 5.12　用 Kidspiration 中"字词汇"模板创建的概念性/描述性模型组织者

归纳／原理模型组织者

如名字所示,归纳／原理模型组织者在数学和科学教学中非常有用。例如,斯科特(Scott)老师的学生学习代数中的二次方程已经有一段时间了,她希望学生能够理解方程式的应用。在布置某次家庭作业时,她告诉学生一个代数原理,要求学生至少使用三个不同的应用案例来完成一个模型组织者。考虑到学生之前已经学过这些数学原理,而且已经展示过这些原理的应用,因此教师不需要给予额外的直接指导了。图 5.13 呈现的是斯科特老师的一名学生制作的组织者,这种组织者是用 bubbl.us 网站(http://bubbl.us)上的思维导图软件创建的。由于其简单的界面,该软件特别适合低龄学生使用。

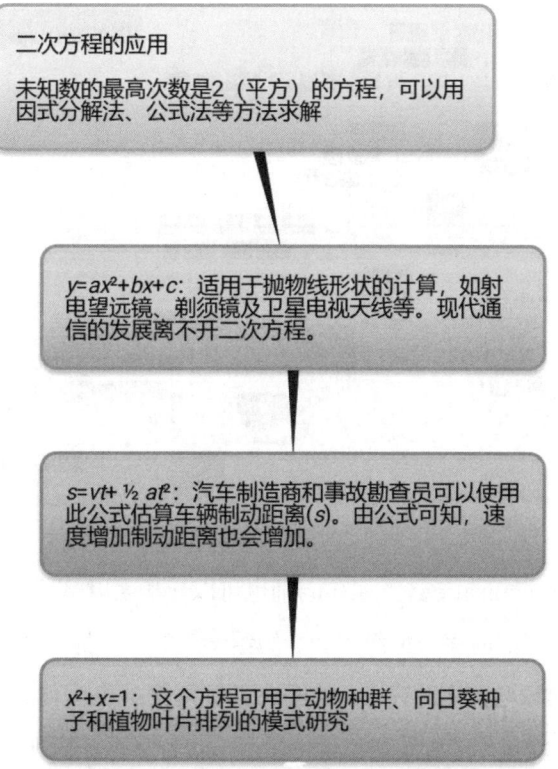

图 5.13　用 bubbl.us 创建的归纳 / 原理模型组织者

时序模型组织者

时序模型组织者特别适合教师在教授有关历史进程的内容时使用。举一个例子，坎贝尔（Campbell）是 2 年级社会课的老师，她希望学生了解"太空竞赛"的相关进程和事件。这场竞赛始于 1957 年人造地球卫星"斯普特尼克 1 号"的发射，结束于 1975 年的阿波罗－联盟任务。坎贝尔老师指导学生利用 Inspiration 创建一个如图 5.14 所示的太空竞赛时序图，其中要显示苏联和美国各自的任务，并用符号标记出来不同类型的太空任务。

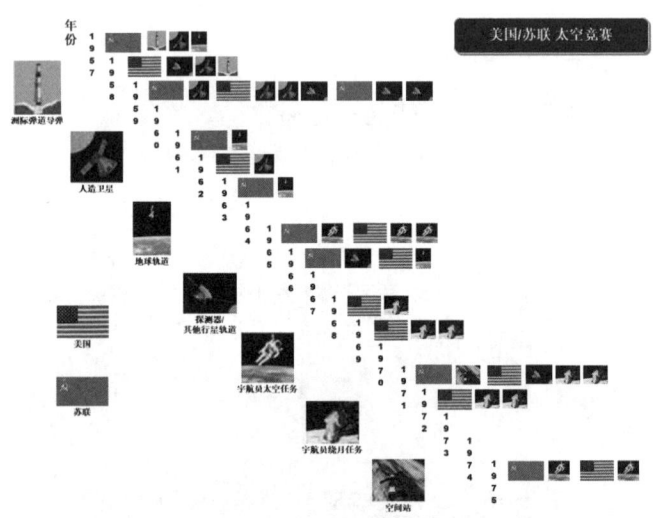

图 5.14　用 Inspiration 创建的时序模型组织者

除了用 Inspiration，坎贝尔老师也可以让学生用 Word 中的绘图工具创建一个类似的时序模型组织者。她给学生的一个提示是使用**绘图 > 绘图网格 > 对象与网格对齐**以及**绘图 > 绘图网格 > 在屏幕上显示网格线**这两个功能。坎贝尔老师还建议学生使用 Word 中的剪贴画功能，通过**插入 > 剪贴画**或者访问网址 http://office.microsoft.com/clipart/ 可以找到该功能，这样他们可以确保选择和使用的图像不受版权限制。对教师来说，以身作则遵守版权法并监督学生遵守，展现优秀"数字公民"的所作所为是非常重要的。如今的技术使得学生复制和使用数字内容比以往更加容易，包括那些受版权保护的材料。针对这一现象，教师同样可以使用技术，通过在线搜索学生作品中的文本字符串来发现学生是否有抄袭行为。我们鼓励教师教导学生合理使用和学习版权法。如果想了解更多这方面的信息，大家可查看《技术与学习的版权及教师合理使用指南》(*Technology & Learning's Copyright and Fair Use Guidelines for Teachers*)，该资源在 www.techlearning.com 网站上可以获取。

事件模型组织者

事件模型组织者非常适合描述包含各种不同人物、地点、时间和过程的复杂事件。这种类型的组织者内部也包含有一个时序模型。在这里，我们举的例子是坎贝尔老师布置的太空竞赛任务的延伸。她从学生制作的时序模型组织者中挑选了一个最好的，把它作为一个新的事件模型组织者的一部分，以此引导学生讨论太空竞赛涉及的诸多因素。图 5.15 是坎贝尔老师用 Inspiration 创建的组织者，然后她通过选择**文件 > 传输到文字处理器**等步骤将文件传输到 Word 中。上课期间，她在屏幕上展示了这个组织者，并在 Word 中通过选择**插入 > 超链接 > 本文档中的位置 > 太空竞赛时序**等步骤，将时序模型组织者与该事件模型组织者进行了超链接。

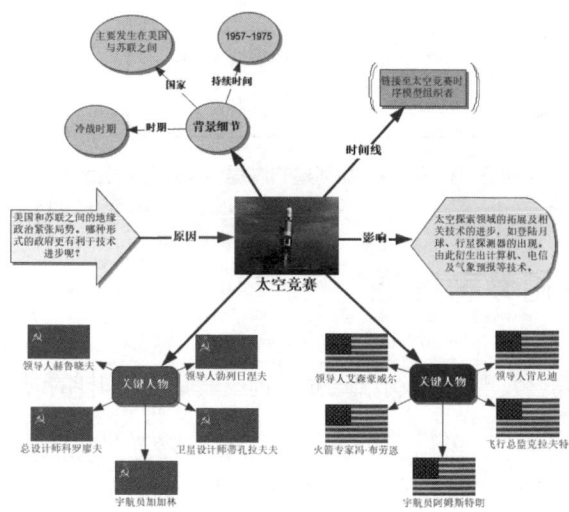

图 5.15　用 Inspiration 创建的事件模型组织者

过程／因果模型组织者

如图 5.16 所示，最后一个例子是过程／因果模型组织者。一位高中升学顾问在一次高一新生参加的群体咨询活动中发起了有关目标的讨论。该升学顾问通过组织者告诉学生开展合理规划实践的重要性,并鼓励新生制订各自的组织者。这种视觉内容帮助学生将他们在高中所做的决定和今后可能会发生的事件联系起来,一目了然地看到彼此之间的因果关系。这样的组织者不仅点燃了学生讨论的激情,还很好地引导了讨论本身。

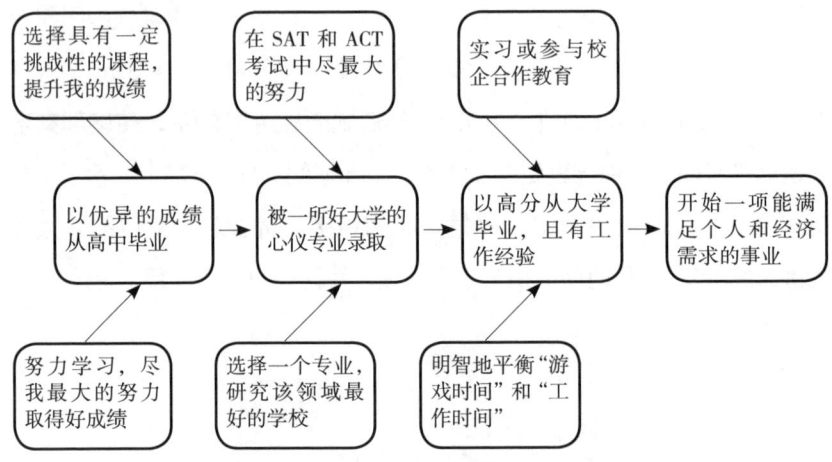

图 5.16　用 Word 创建的过程 / 因果模型组织者

数据库和参考资源

学生常常会发现自己找不到合适的词或重复使用同样的词。Visuwords（www.visuwords.com）, Snappy Words（www.snappywords.com）, Thinkmap's Visual Thesaurus（www.visualthesaurus.com）以及 Merriam-Webster's Visual Dictionary Online（http://visual.merriam-webster.com）等应用程序可以通过非言语的方式帮助学生理解词汇、使用适当的词性、比较同义词,以及普遍提高他们的写作质量。这些应用使用图形化的方式表示单词和定义,使学生可以清晰地看到语言内部的比较和分类。

这里举一个相关应用的实际使用案例。6年级的陈（Chen）老师希望学生使用 Visuwords 来提高写作中形容词运用的数量、种类和复杂程度。学生在 Visuwords 网站的搜索框中输入单词，然后双击节点将其展开。他们通过颜色编码来寻找想要使用的词性以及该单词的同义词（图 5.17 呈现的是搜索"excellent"一词的结果）。陈老师的学生不仅扩充了词汇量，提高了写作技巧，还对语言是如何分类和组织的有了更全面的概念。

你或许已经注意到了，这个例子中使用了三种类型的教学策略——非言语表征、识别异同和提供反馈。许多教学策略都是这样被组合起来用的，很少单独使用。

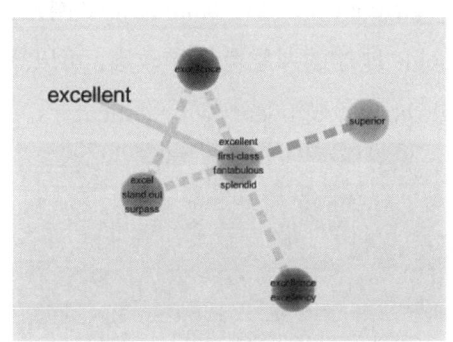

图 5.17　Visuwords 的例子

友情转载自 Visuwords online graphical dictionary（网址：visuwords.com）

有些 Google 应用程序也是建立非言语表征的极佳工具。例如，学生可以用 Google Sky 来探索外太空遥远的空间，或使用 Google 地图来定制自己的探索路线。Google 地球也很有用：它可以呈现地球的三维模型，用来帮助学生了解含有地理元素的任何话题。该应用程序还允许用户查看太空和卫星图像、海洋最深处，以及随时间推移的气候模式证据等。

下面是一个例子。马萨诸塞州韦斯特伯鲁市的社会老师英格丽德·古

| 技术促进课堂有效教学
USING TECHNOLOGY WITH
CLASSROOM INSTRUCTION THAT WORKS

斯塔夫森（Ingrid Gustafson）和卡罗尔·埃卡斯基（Carol Alcusky）开发了一堂课，该课成了 Google 举办的 3D 古罗马课程竞赛的获奖课（在 www.google.com/educators/romecontest.html 可以查看该课的内容）。这节课要求学生四至五人一组，编制一份有关古罗马的在线报纸，学生可以使用各种 Google 应用程序对报纸的内容进行设计、撰写、添加插图和编辑。学生使用的应用程序中包括 Google 地球——尤其是其中一个名为古罗马 3D（Ancient Rome 3D）的图层，该图层对古罗马进行了非常细致的建模（见图 5.18）。在该图层中还含有代表道路、丘陵、桥梁和历史遗址的图标，指代着如图 5.19 所示的诸多模型。完成的作品案例可以在 http://sites.google.com/site/theromanrecord 网站上查到。如果要查看更多基于 Google 地球的课堂范例和教案，可以登录网址：http://sitescontent.google.com/google-earth-for-educators。

图 5.18　Google 地球中的古罗马图层屏幕截图

图 5.19　古罗马 3D 图层中的图像

课堂上可以使用的另外一个很棒的 Google 应用程序是 SketchUp，它是一款对教育工作者免费的绘图程序（有关如何获取 Google SketchUp 的信息可登录以下网站：http://sketchup.google.com/intl/en/industries/edu/primary.html）。在 https://sites.google.com/site/architecturewq 中，你可以看到一个有关建筑学的网络探究案例，其中很好地使用了 SketchUp。这个网络探究案例是利安娜·约翰逊（Leanna Johnson）为美国密苏里州法明顿的圣保罗路德教会学校编写的，她使用了帕特里夏·麦吉（Patricia McGee）和德博拉·克拉克斯顿（Deborah Claxton）两人基于伯尼·道奇（Bernie Dodge）的工作创建的网络探究模板。该网络探究需要学生利用 SketchUp 和其他资源来学习空间几何。学生各自独立探究为什么理解周长和面积对于建筑师的工作至关重要。在整个过程中，他们会在网站上浏览一些设计项目。课程中使用的数学标准会用详细的量规来评估。图 5.20 展示的是一位名叫斯潘塞（Spencer）的 6 年级学生用 SketchUp 制作的房屋模型。

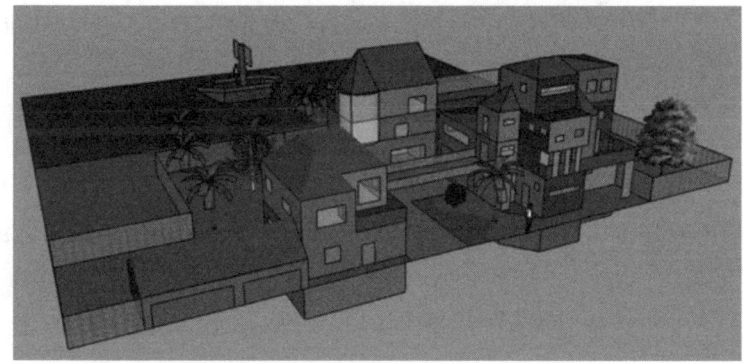

图 5.20　斯潘塞用 Google SketchUp 制作的房屋模型

你还可以在以下网址中找到其他一些用于在课堂上创建非言语表征的优秀应用程序：www.flashearth.com，http://maps.nationalgeographic.com/maps，www.freecad.com 和 www.autocadws.com/mobile。

多媒体

多媒体是最有效的非言语表征形式之一。自从教师第一次在课堂上播放盘式电影之后，不计其数的教育工作者注意到了电影和录像可以让学生更好地置身于学习内容中。如今，我们可以将多媒体学习从教师主导型转变成教师协助型，进一步提高学生学习的参与度。研究表明，当学生是创作者时，多媒体对学生学习的影响最大（Siegle & Foster, 2000）。虽然 PowerPoint 演示文稿和电影是很好的教学辅助工具，能促使更高水平的学生参与，但最吸引人的学习还是让学生创作演示文稿和电影本身成为学习过程的一部分。许多人认为，校园里无处不在的电影编辑工具正在孕育着一种新的"数字素养"，这种素养要求学生需要知道摄像角度、色彩、配乐和字体等镜头语言，就如同他们需要知道书面语和口头语的语法方式一样。乔治·卢卡斯（George Lucas, 2005）认为，这种素养的出现就如同当年印刷术的发明引出了公众阅读和写作素养等概念。

如前所述，学生理解版权和合理使用的意义是十分重要的，特别是当他们参与多媒体项目时。例如，学生应该知道，根据高等院校媒体中心联盟的《教育多媒体合理使用指南》（*Fair Use Guidelines for Educational Multimedia*, 1996）第 4.2.3 节的规定，他们不能使用超过 10% 或 30 秒的受版权保护的歌曲或电影。学生应该知晓这些指南的内容；同时，教师也应该向其介绍一些对学生使用有着更宽松法律要求的开放获取资源。例如，学生可以登录 www.jamendo.com 网站去下载免费歌曲用于制作与教育相关的电影。类似 http://creativecommons.org 这样的网站可以帮助学生和教师找到适合他们项目的相关音频、视频、图片、文字和教育资源。

多媒体是单一媒介（如视频、音频）的组合和交互。一般来说，在课堂上使用的多媒体至少包括以下媒介中的两项：音频、视频、图形、动画和文本。因此，学生在创作多媒体项目时可能会使用 Inspiration，PowerPoint，Keynote 和 iMovie 等工具制作演示文稿、动画和电影等作品。这些类型的作品能帮助学生将他们正在尝试学习的概念和主题转变成心象。回想一下你在学校里完成过的一个难忘的项目，它是否包含某些类型的图像或视觉辅助？正如我们前面说到的，与非言语表征相关联的知识比仅用语言形式关联的知识更让人记忆深刻。

演示文稿

演示技术的进步是教育技术创新中最强有力的内容之一。拥有一台电脑、一台投影仪和演示软件，外加一些创意，学生就可以创作出与专业人员相媲美的演示文稿了。PowerPoint，Keynote 和 Google Presentations 这三款软件是课堂演示最常用的工具。学生和教师可以浏览以下网站获得一些有关演示的灵感：

◢ Jefferson County Schools—PowerPoint Collection

http://jc-schools.net/ppt.html

这是一个大型的、涵盖所有学科的 K—12 年级学生和教师 PowerPoint 演示文稿库。

◢ PowerPoint in the Classroom

www.actden.com/pp

这是一个饶有趣味且色彩丰富的网站，有两个卡通人物引导你（或你的学生）了解 PowerPoint 的基础知识。

◈ Keynote User Tips

www.keynoteuser.com/category/tips/

这个网站介绍了 Apple 公司的演示软件 Keynote，及其相关的主题、使用技巧、链接、答疑解惑和其他一些值得关注的信息。

◈ Keynote Theme Park

www.keynotethemepark.com/index.html

这是下载 Keynote 免费主题，获取推荐链接、新闻和技巧的理想网站。

当学生开始着手一个多媒体项目时，他们的第一步往往是启动一些软件，然后匆忙地、充满热情地去创作作品了。演示文稿的创作需要精心的计划和组织，电影更是如此。不然的话，学生可能会沉迷于创作作品的快乐中而忽略了作品的内容，结果导致其演示文稿"PowerPointless（即形式花哨，内容贫乏）"。记住，内容大于一切。好的演示文稿应遵循同电影一样的制作步骤，我们在本小节稍后会讨论这个话题。

学生对待一个多媒体项目的态度应该像对待任何一个研究项目一样。他们应该在完成了背景调研、计划制订和草案书写之后再考虑使用多媒体软件（如果教学目标是学习一个特定的软件技能，情况就例外了）。一般而言，学生应尝试回答一些"真问题"，比如谁、是什么、在哪里、什么时候、为什么做和如何做等。当他们深入钻研一个项目"为什么做"和"如何做"时，他们的问题解决和分析能力，以及其他高阶思维技能便得到了提升。当然，教师的职责是针对教学新内容、学生的学习目标以及要完成项目的类型来具体化这些问题。

对教师而言，为了让学生更好地投入多媒体项目之中，编制考评量规是关键的一步。当你在制订或改编一个多媒体项目量规时，问自己几个问题：学生演示的时长是多少？可用的电脑资源如何？观众是谁？哪个软件兼容？制订一个项目量规时可以考虑以下几个要素：

1. 内容的准确性。
2. 演示文稿的长度（幻灯片的数量）。
3. 幻灯片版式（例如：文本量和图形、标题、声音、动画的数量）。
4. 适合观众和主题的背景图形。
5. 软件需求（例如：QuickTime、Java、Flash、Windows Media Player）。
6. 文件大小（压缩图片有助于控制文件大小）。
7. 存储和传输要求。
8. 配色方案。

在制订计划时，教师最好留出足够的时间让每个学生都有机会向全班展示自己的作品。但要教的内容这么多，时间总是不够用的，我们明白你可能无法让所有学生在每个单元中都进行个人展示。一个很好的折中办法是随机选取少数学生作为汇报人——大概每项任务选择3—5名学生。当然，不做汇报的学生需要上交数字版本或打印版本的项目报告。或者，你可以让所有学生缩短演示时间。这样的话，所有学生都可以实践创建项目的过程并学习更多演示所需的交流技能。

图5.21展示了一个由学生制作的幻灯片示例，这张幻灯片介绍了马丁·路德·金对美国的影响。这个演示文稿的其他大多数幻灯片包含的多媒体类型都不如这张幻灯片这么多，也没必要包含这么多。然而，这张幻灯片是一个很好的例子，可以用来说明如何将声音、视频、文本和图像等媒体融合在一个有效的演示文稿中。请注意这张幻灯片是如何运用标题、模板和标识的；此外，它还具有音频和视频材料的超链接。制作者事先把

视频、音频和PPT文件保存在同一个文件夹中,然后将两者链接到"Watch the Speech"和"Listen to the Speech"等文字中。你还可以注意到,在幻灯片中,文本连带其底部的阴影遮住了图像中不重要的部分内容,这样做既保留了图像的概貌,也为文本的阅读提供了足够的对比度。要实现这种阴影效果,需要将文本放在一个文本框中,改变文本的颜色以区别于背景图像,然后选择文本框,选择**格式 > 文本框 > 颜色和线条(选择一个颜色) > 透明度 = 50% > 确定**。

图 5.21　PowerPoint 多媒体演示文稿中的幻灯片

注:马丁·路德·金的照片版权归属于美国佐治亚州亚特兰大市知识产权管理部门。华盛顿游行的照片经美联社 / 环球图片授权转载。

Prezi(http://prezi.com)和 Nota(http://notaland.com)这两个网站不仅可以帮助学生创建吸引人的多媒体项目,还能让他们在网上分享自己的作品。Prezi 允许用户创建动态的、非线性的演示文稿,它是表现局部与整体关系的绝佳软件(例如:长途旅行中的具体地点和事件,细胞的各个部分是如何协作的)。Nota 可以让学生轻松进行在线协作完成多媒体项目,也可用于包含有丰富多媒体元素的协作记笔记活动。

第五章
非言语表征

动画

当我们还是孩子时,很多人都做过动画。我们在便笺簿上画动画形象,并对每一页的动画形象进行细微的调整。然后,我们快速地翻页,就可以看到动画效果了。不管是我们自制的翻页动画书,还是皮克斯(Pixar)公司推出的《超人总动员》(*The Incredibles*),所有动画都源于最基本的原画稿。这里有两个优质的在线资源,它们有助于你和你的学生了解更多有关动画的内容:

◁ Animation Factory

www.animationfactory.com/help/tutorial_gif.html

该网站上有 Jupiterimages 公司的 Animation Factory 推出的动画教程以及在线免版税动画剪贴画库,其中包含超过 40 万个动画、视频背景、模板、壁纸和网络图形。

◁ Go! Animate

http://goanimate.com/

这个网站可以帮助学生轻松地制作动画剪辑。

这里介绍一个教学生制作动画最简单的方法。首先,告诉学生可以通过创建图像序列将自己的想法变成动画。接着,让他们从绘制动画的模板帧着手(你或许注意到了在老的动画片里,动画的背景画面变化不大,这是因为那些动画片都是使用模板帧制作的),这个帧可以使用任何一款能够生成图片的软件来制作,如 Word、PowerPoint 或者 Photoshop。然后,告诉学生用复制、粘贴和旋转命令以及绘画工具来添加、减少,或者修改模板帧里的图像内容，并让学生将帧按编号和场景保存（除非只有一个场景）。再然后，让学生把修改过的帧保存为序列中的下一帧，并继续制作后续的动画，直到所有的帧都完成了。最后，学生可以用 iMovie 或者 Windows Movie Maker 等视频制作软件将编辑好的版本保存为视频格式。

图 5.22 呈现了学生创建的一些帧，这些帧演示了浓硫酸使蔗糖脱水生成碳和水的化学反应。大家可以注意到这些图像按顺序编了号，学生画好一个烧杯和反应室，之后图像中的烧杯和反应室就是通过旋转和移动第一幅图中的烧杯和反应室的位置来产生的。每张图就是动画中的一帧，当所有这些图片连接在一起时，它们就产生了动态的效果。

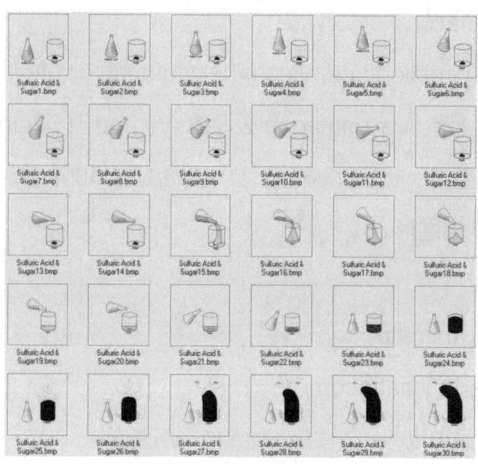

图 5.22　一部动画的帧

我们还可以利用静态图片、延时拍摄和可操纵物体，如剪纸、木偶或黏土偶等来制作动画。不出所料的是，用可操纵物体做的动画所具有的创造性和动觉特性非常吸引年轻学习者。举一个例子，一位 1 年级教师准备结束有关亚马逊雨林的单元教学，为了评价学生对雨林动物及其栖息地的理解程度，她告诉学生全班要制作一部黏土动画电影，每个学生用黏土捏两个生活在亚马逊热带雨林的动物。随后该教师帮助学生查找每个动物的饮食习惯，以及该动物生活在热带雨林中的哪一层级（如在树冠层或在地面层），并让学生发现三个和该动物有关的有趣事实。之后，全班同学将这些信息转换为一个电影脚本。电影开拍时，每个学生都要把他（她）捏的动物放在正确的背景前。之后，他们改变动物的姿势，由教师把每个姿势拍成照片。学生还要参与脚本中旁白的录制，由此提升自身的朗读技能。当所有照片都拍好，旁白都录制好后，教师向学生展示如何将这些图片转变成具有声音的动画电影。图 5.23 展示了由 1 年级学生共同完成的黏土动画电影中的一帧——奥德拉（Audra）制作的食蚁兽。

图 5.23　黏土动画电影中的一帧

电影和视频

使用电影和视频作为非言语表征形式时，我们建议从两个角度来考虑：将它们用于教学和把它们当作教学本身。第一种情况意味着使用流媒体视频或 DVD 吸引学习者投入并建立背景知识。下面的这个例子虽然也是将电影用于教学，但用的方式稍微有些不同。以下我们将介绍初中科学教师罗宾逊（Robinson）是如何将电影运用到科学写作的教学中的。

首先，罗宾逊老师使用 RubiStar 改编了一个故事写作量规。然后，她将完成的量规和一张学生正在学习的天文学词汇表放在一起。她给学生的任务是使用表中至少十个以上的天文学词汇编写一个情节合理的故事：

逃逸速度	陨石	卫星
地球同步轨道	压力	推力
重力	辐射	重量
电离层	反作用发动机	
磁层	自转	

罗宾逊老师将量规和词汇表交给学生后，要求他们细读这些词汇，思考每一个词汇的含义，并根据量规标准考虑如何将这些词汇用在任务中。罗宾逊老师接下来做的事情让学生大吃一惊，并提高了他们对任务的兴趣：她给任务提供了新的非言语表征要素——一部音乐短片。她让学生放轻松，然后把灯光调暗，开始放映歌曲《Major Tom（Coming Home）》的音乐短片，这是一首来自彼得·席林（Peter Schilling）的歌曲[灵感来自大卫·鲍伊（David Bowie）1969年创作的歌曲《Space Oddity》]。罗宾逊老师从 www.vh1.com/artists/az/schilling_peter/artist.jhtml 网站上发现了免费下载版。有时，她也会分享学生制作的大卫原创歌曲的音乐短片，它可以在 http://video.google.com 上被找到（搜索：Daydreaming to David Bowie）。当短片结束后，罗宾逊老师的学生已经生成了能够给词汇提供语境的心理图像。现在，他们有足够的创意和充分的准备去将词汇编写到故事中。

课堂上使用电影的第二种方式是学生通过自己创作电影来展示其掌握的知识和技能。一般而言，学生会享受电影创作过程中的挑战、创造性和合作；且研究表明，学生用媒体和技术进行学习时，能有一个更高的理解和记忆水平（Reeves，1998；Siegle & Foster，2000）。你还可以一遍又一遍地使用这些电影，作为其他学生学习的范例。让我们来看一看学生在制作自己的电影时应遵循哪些步骤。

步骤1：写脚本。脚本包括了学生演员要读或讲的所有的话。为了估计准确的时间，演员应大声念出脚本中的语句并计时。记得提醒学生要留有停顿或起承转合的时间。

步骤2：设计故事板。设计故事板的目的是让学生明白电影所需的形象、场景和道具。在读脚本时，学生可能会认为"好图胜千言"。所以，对于一些富有情节的内容，为什么不用画面代替口头描述呢？

在这一步骤中，学生应将脚本转移到故事板里，将内容分解成若干个由图像和语句组成的部分。在每个部分的方框中，学生可以通过文字描述或图画描绘来提醒自己电影中某个镜头里要出现的画面。如果使用的是静态图像，他们应标记出这些图像存储在计算机的哪个位置，或者记下这里需要补拍图片。如果他们使用网站资源，他们应写上网站的网址。图5.24呈现了两个学生做的电影故事板。我们可以发现，学生已经给场景命了名，为每个镜头编了号，并附上了来自脚本的语句，以及拍摄和后期剪辑时的注意事项。

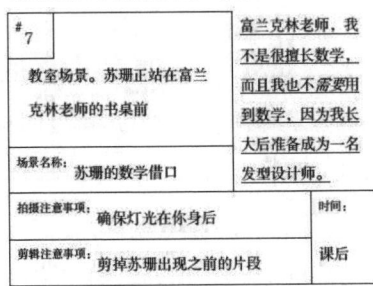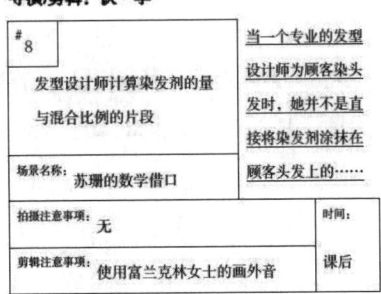

图5.24　故事板范例

步骤 3：拍摄视频。在课堂上，这一步骤涉及资源分配。大多数课堂可以用的相机和摄像机数量有限。在给学生发相机之前，应确保脚本和故事板已经完成，并确认他们已经至少进行过一次完整的、讲了台词且使用了道具的排练。另外，如果学生打算拍摄静态图像，应准备好所有需要的材料。如果他们打算在电影中使用配音，就应事先在相机中录好音，以便在剪辑过程中更方便地导入视频片段和分离音频。

下面是给学生的一些关于视频录制的技巧：

- 在演员开始说话之前，留出 3—5 秒钟的空间，在剪辑过程中可能会用到。
- 使用三脚架保持相机的稳定。
- 使用数字麦克风，不要用相机自带的麦克风，这样可以提高音质。用夹式麦克风效果比较好。
- 没必要按顺序拍摄视频。如果你使用不同的场景，你可以在换场景之前将当前场景的所有视频都拍摄好，即使这些场景与电影中的顺序不同。
- 请记住：每一次摄像机停止录制后，都会产生一个新的视频片段。

步骤 4：导入视频和图像。把视频导入到 iMovie（如果在 Macintosh 系统中）或 Movie Maker（如果在 Windows 系统中）中的方式很简单，只要把数码摄像机通过 FireWire 或 USB 接口连接到电脑上，然后打开 iMovie 或 Movie Maker。如果学生使用其他的 Windows 版本，他们需要 Adobe Premiere 等视频编辑软件，然后按照软件的操作步骤导入视频。

步骤 5：视频剪辑。现在是时候回来讨论故事板了。学生电脑上应该收集了很多视频、静态图像和音频资源。他们可能还想用电脑里的麦克风

"铺设"一个音频轨道，伴随着系列静止图像或视频播放音频内容。学生应该在剪辑过程中进行合作，来自他人的反馈非常有价值，因为在学生自己的头脑中，他们觉得视频中的故事已经讲述得很好了，但其他人会用全新的眼光来打量视频，很可能会指出令人疑惑的或缺失的场景内容。一旦视频片段按顺序排列好了，学生需要对个别片段进行剪辑，删除不需要的内容。他们需要剪辑好所有的片段，再在片段间添加过渡衔接的效果。

对电影进行粗剪后，学生可以在其开头添加标题，在结束部分加上演职员名单。教师应在作业指南中提醒学生对引用的内容进行来源标注，这是教导或检查引用格式的大好机会。可以参考杜克大学图书馆网站 www.lib.duke.edu/libguide/cite/works_cited.htm，该网站上有 APA、MLA、Chicago、Turabian 和 CSE 格式的引用规范。如前面提到的，做好遵守版权的示范和监督工作非常重要。

步骤 6：添加音乐。现在学生需要添加合适的音乐。当学生想使用自己的 CD 或是他们在网上获得的音乐时，须确保自身行为合乎道德。因为他们制作的电影是以教育为目的的，所以只要他们通过合法途径购买音乐，并选用不超过 30 秒或歌曲完整长度的 10% 的片段（这两种情况中取时间较少的那种），他们还是算使用了受版权保护的音乐的。为了满足学生对电影的需要，你或许可以指导他们用视频制作软件中的声音片段或去 www.jamendo.com 网站上寻找风格和长度都适合的音乐。在 Jamendo 网站上的大多数音乐都是版权免费的，但学生要在字幕里注明来源。

步骤 7：保存和分享电影。到这一步骤时，学生应确保已经保存好了所制作视频的最终版本。这意味着已经将所有单独的视频片段整合到一个电影里了。这时，他们便可以在互联网上和全班、全校、全社区甚至全世界的人们分享影片了。

有关多媒体创作的其他一些资源可以在下列网站上找到：

⯈ DigiTales

http://www.digitales.us

该网站是伯纳琼·波特（Bernajean Porter）的个人站点，提供了帮助教师和学生开展数字化讲故事活动的工具和案例。在有关学生作品评价的内容中，提供了相关的量规和评分指南。

⯈ San Fernando Education Technology Team's iCan Film Festival

http://homepage.mac.com/sfett/html_movie/Ican/4.html

马可·托里斯（Marco Torres）是一位获得过 Apple 杰出教育者和 2005 加利福尼亚年度教师称号的老师。在他的指导下，学生创作了很多出色的视频并保存在该网站中。

⯈ Animation 101

http://library.thinkquest.org/25398/Clay/ClayHowTo.html

该网站提供了有关手绘、定格动画拍摄等内容的优秀教程。

⯈ Make Beliefs Comix

http://www.makebeliefscomix.com

这个免费网站可以让学生围绕课堂课程方便、快捷地创建精美的连环漫画。

⯈ Zooburst

http://www.zooburst.com

这个网站可以帮助学生设计出色的交互式虚拟立体书。

第五章
非言语表征

越来越多的教育工作者正在使用录制好的课程进行差异化教学、回顾学习材料以及开展翻转课堂实践。在翻转课堂中，观看授课视频成了家庭作业，学校里的时间更多留给学生参加精彩的活动。下面介绍与翻转课堂有关的一些资源：

◁ The Flipped Class Network

http://vodcasting.ning.com/

这个开放的网络为那些对"翻转课堂"做法感兴趣的教育工作者提供了一个社会共享和学习空间。该网站是亚伦·萨姆斯（Aaron Sams）和乔恩·伯格曼（Jon Bergmann）创建的，他们是科罗拉多州的两名高中化学老师。

◁ Khan Academy

http://www.khanacademy.org

该网站收集了约 2400 节课，内容涉及数学、人文和科学等，它已经成为将视频用于"任何时候，任何地方"的学习典范。

▶ 教学交互

让我们再来看一个将多媒体用于教学，而不是当作教学本身的案例。McREL 开展的名为"基于理论的教学研究元分析"的研究（Marzano, 1998）讨论了具体的教学策略及其对学生学业成绩的影响。马扎诺发现，"当学生利用计算机模拟技术来操纵人工物体时会得到最高效应量 1.45（$n=1$，n 表示效应量数量），相较控制组增加 43 个百分点"（p. 91）。

网络上有一些优秀的计算机模拟资源，有些是免费的，有些需要订阅，如美国国家虚拟教具图书馆（Nation Library of Virtual Manipulatives，网址为 http://nlvm.usu.edu/en/nav/vlibrary.html）就是一个出色的免费资源。该资源网站提供了大量交互式的 Java 应用，学生可根据不同学科内容（数与运算、代数、几何、测量、数据分析与概率）和年级水平（学龄前至 2 年级、3—5 年级、6—8 年级、9—12 年级）选择合适的应用集。图 5.25 显示的是一个适用于高中学生的代数模拟案例。这个网站上的每一个模拟应用都可以选择不同的语言版本，应用中还附有给予教师、家长的讯息及针对学生的指导。

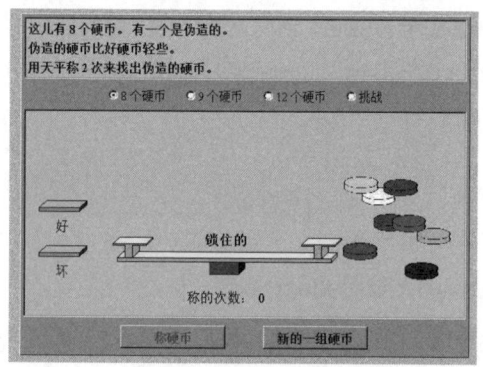

图 5.25　美国国家虚拟教具图书馆模拟资源

友情转载自犹他州立大学 MATTI 协会

小学生会喜欢 www.iknowthat.com 网站上提供的多媒体模拟资源。该网站包含从学龄前至 6 年级的语言艺术、数学、科学、社会、艺术和问题解决等学科内容的交互式多媒体应用，在 iPad 和 iPod touch 中也能找到包含这些资源的 App。如果选择付费订阅网站，那可以登录 www.explorelearning.com，那里有不错的模拟资源，它提供一个名为"Gizmos"的模块化和交互性模拟资源目录，包含 6—12 年级师生所需的数学和科学内容。图 5.26 展示的是一个名为"老鼠遗传学（mouse genetics）"的模拟

第五章
非言语表征

案例。在这个模拟资源中，学生通过培育具有特定皮毛和眼睛颜色的"纯种"基因小老鼠来学习显性和隐性基因的性状传递。他们可以把老鼠存放在虚拟笼子里供未来育种，每繁育出一只老鼠他们都能获得其皮毛和眼睛颜色的统计数据；之后，他们可以用 Punnet 软件进行结果预测。虽然学生也可以在教科书中读到基因类型方面的知识，但使用这种模拟技术可以让他们在不到两分钟的时间里看到基因遗传对上百代物种的影响。

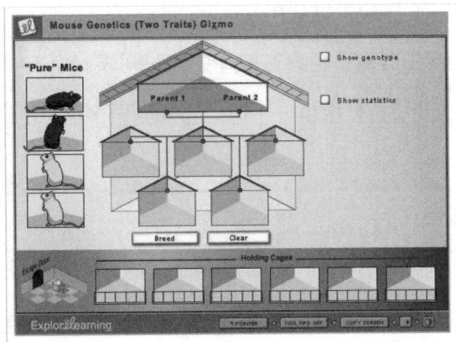

图 5.26　ExploreLearning 中的"老鼠遗传学"模拟资源

友情转载自 ExploreLearning

以下介绍的是其他一些能够给非言语表征使用提供支持的优质网络资源：

↗ Knowitall.org

www.knowitall.org

该网站是美国南卡罗来纳州 ETV 的教育门户网站，上面收集了很多适合 K—12 学生的、有趣的交互性资源，可供人们根据学科和年级进行搜索。网站还为教师和家长提供了支持性资源。

151

◪ Interactive Mathematics Activities

www.cut-the-knot.org/Curriculum/index.shtml

该网站提供按学科分类的基于 Java 的数学游戏，适用对象是高中生，甚至是大学生；除了代数和几何，还有逻辑、微积分和概率等领域的游戏。

◪ Conflict History

www.conflicthistory.com

该网站为学生提供了世界各地冲突的时间表。点击一个事件，就会显示它发生在何时何地，并且提供一个可以查找到更多信息的链接。

◪ Shodor

http://shodor.org/interactivate/activities/

该网站提供了大量交互性资源，内容涵盖数与运算、几何、代数、概率、统计、建模、三角学和微积分等领域。它也有一个 App 版本，适合在 iPad 上用。

◪ Our Timelines

www.ourtimelines.com

这个免费的网络资源可以让学生将某人一生中发生的事件创建成一个属于他（她）的时间表。事件的类别包括历史事件、科技进步和灾难。

▶ 动觉技术

越来越多的数字资源支持动觉型学习。我们大多数人还记得小学时期用过的那种类似竖笛的乐器吧，它们的设计本意并不是用作真正的乐器，而是让学生体验音乐的生成及乐谱的识读。如今有各种各样的 iPad

应用程序，它们不但让学生体验到音乐创作和乐谱阅读的乐趣，而且具有不错的声音效果，像真正的木管、铜管、弦乐和打击乐器一样。一些小学音乐教师甚至把这样的应用程序连接到扩音器上，用于在音乐课上举办音乐会。一些体育教师正在使用科乐美（Konani）公司开发的名为"劲舞革命（Dance, Dance, Revolution）"的视频游戏，让学生在运动中既得到锻炼又收获快乐。任天堂的Wii和配合Xbox 360使用的Kinect都可以跟踪用户的动作，使得许多教育游戏能够积极地让学生参与动觉型学习。同样的，伟易达（www.vtechkids.com）提供了大量的适合学龄前儿童参与动觉活动的工具，用以帮助他们学习数字、字母和色彩。

技术可能比任何其他策略更能影响非言语表征方式。随着工具变得越来越复杂、逼真和易于使用，学生将有能力用虚拟的方式探索他们周围的环境，将信息进行可视化，并通过前所未有的多样化方式表达自己。如果能把这些工具的潜能发挥极致，它们可以为学生更好地了解周遭的世界提供无穷无尽的方式。

第六章
做总结和记笔记

做总结和记笔记这两个教学策略可以提高学生总结和提炼信息的能力。在这个过程中，教师致力于帮助学生区分重要信息和其他信息，以及用自己的语言陈述信息。

基于 McREL 的研究，我们对课堂上做总结策略的运用提三条建议：

建 议

- 教导学生基于规则的做总结策略。
- 使用总结框架。
- 让学生沉浸在交互式教学中。

记笔记和做总结有相似之处。记笔记能够帮助学生加工信息。学生在捕捉主要思想和支持性细节的过程中，逐渐锻炼了组织信息的能力。虽然记笔记是学生可以掌握的最有用的学习技能之一，教师却很少把它当作一项技能来专门教学生使用。

基于 McREL 的研究，我们对于课堂上记笔记策略的运用提三条建议：

第六章
做总结和记笔记

建 议

- 给学生呈现教师准备的笔记。
- 教导学生多样化的记笔记格式。
- 给学生提供修改自己的笔记和利用笔记复习的机会。

打字机和文字处理器等技术多年来一直在记笔记过程中发挥着重要的作用。不过，现在有一些更先进的软件可以让记笔记本身真正成为学习者的学习体验。在学生学习做总结的过程中，技术可以成为脚手架并提供帮助。在本章中，我们将介绍以下技术如何帮助构建、组织做总结和记笔记的过程：文字处理应用程序、组织和头脑风暴软件、多媒体以及交流与合作软件。

▶ 文字处理应用程序

文字处理软件是一种用于生成可打印材料的计算机应用程序。无论是强大的 Word 还是免费的 Google 文档，都为教师提供了更好地做总结和记笔记的方式。

做总结

章节开头我们给教师课堂上教导学生做总结提过一个建议，即使用基于规则的做总结策略。当学生做总结时，该策略可以给他们提供一个清晰的步骤和结构，避免他们在尝试过程中感到困惑。图 6.1 呈现了基于规则的做总结的步骤，做适当的调整后，它可以适用于不同年龄段的学生。

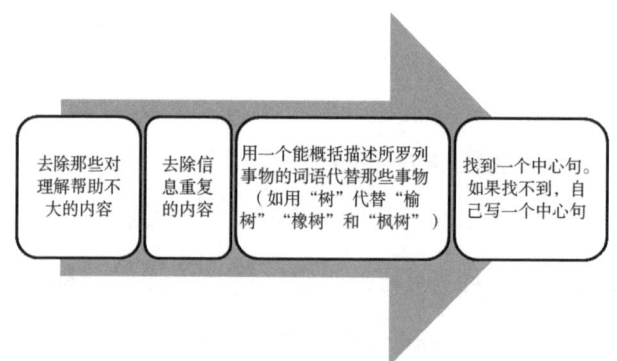

图 6.1　基于规则的做总结步骤

你可以利用 Word 中的"修订"功能来演示基于规则的做总结,并用它训练学生掌握这一过程。首先,打开 Word,点击**审阅＞修订**以激活修订功能,然后点击**批注框**下方的箭头,选择**在批注框中显示修订**选项(如图 6.2)。

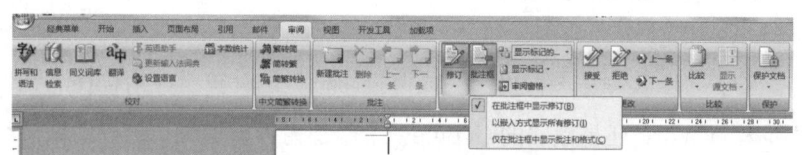

图 6.2　在 Word 中设置修订功能

这里举一个例子,桑伯恩(Sanborn)是一位 7 年级科学老师,她利用修订功能给学生展示如何总结课文中的某一部分。首先,她将课本中某一部分复制到一个新的 Word 文档中,保存该文档,之后启用修订功能并运用做总结的规则对该片段内容进行总结。当桑伯恩老师发现一些多余的语句时,她便将其选中并按下删除键。如图 6.3 所示,这些内容被画上了删除线,并被标为红色。图中还显示教师将短语"大陆和构造板块(continents and tectonic plates)"简化为"地表(land surfaces)"。

第六章
做总结和记笔记

> The Earth's ~~continents and tectonic plates~~ **land surfaces** are always in motion. ~~For example, the North American continent continues to move west over the Pacific Ocean basin, roughly at a rate equal to the growth of our fingernails.~~ Earthquakes result when plates grind past one another, ride up over one another, collide ~~to make mountains~~, or split and separate. These movements are known as plate tectonics. ~~Developed within the last 30 years, this explanation has unified the results of centuries of study of our planet, long believed to be unmoving.~~

图 6.3　显示了修订标记的 Word 文档

通过使用文字处理软件演示做总结的过程，桑伯恩老师向学生展示了如何利用总结让文本内容变得更加通俗易懂。

很多老师都不知道 Word 中还有一个名为"自动编写摘要"的有用工具。如名字所言，该工具可以从文本中选择一定的内容形成一篇摘要。要将自动编写摘要工具加入功能区，你需要选择**文件 > 选项 > 自定义功能区**，然后点击左边栏最上方的下拉菜单，选择**所有命令**，找到自动编写摘要工具，点击**添加**将它们加入你的功能区中。这样，你就可以在你屏幕左上方看到自动编写摘要的小按钮。点击按钮会弹出一个对话框，对话框中给了我们四种不同的摘要类型：(1) 突出显示要点；(2) 在文档顶端插入摘要或摘录文字；(3) 新建一篇文档并将摘要置于其中；(4) 在不退出原文档的情况下隐藏除摘要以外的其他内容。第一个选择"突出显示要点"是非常棒的教学工具。Word 2007 版里有自动编写摘要功能，但 Word 2010 版里删除了该功能。如果你的 Word 版本里没有这一功能，你可以尝试以下网站的资源：

● Text Compactor（http://textcompactor.com）或 Online Summarize Tool（www.tools4noobs.com/summarize）。这两个免费资源允许你粘贴大段的文本或 URL，之后网站会对文本内容自动进行总结。这些工具还可以为刚开始学习做总结的学生提供反馈。

- Ultimate Research Assistant（http://ultimate-research-assistant.com）。该工具可以针对几乎任何主题自动生成研究总结和播客内容。它实质上是通过"阅读"和理解相关主题的搜索结果，继而书写简洁且全面的报告来总结你关注的研究主题。它还能通过思维导图、标签云和柱状图等方式将主题进行概念可视化。

记笔记

我们针对记笔记的建议之一是使用多样化的格式。一种非常有影响力的笔记格式就是组合笔记，除了文字，笔记中还会含有大纲、网状图、统计图表等内容。研究显示，在学生的学业成就中，图形表征的贡献率高达39%（Marzano, 1998）。要完成这种组合笔记，学生首先需在纸上画一个倒立的T字，之后在倒T字的左半部分记录一些事实或注释，在右半部分画图画或添加其他非言语表征的内容，并在倒T字的横线下方写一两句话的总结内容。在图6.4的例子中，你可以看到1年级某班讨论计算机部件之后生成的组合笔记：教师提到的计算机四大组成部分被书写在左侧，有关这四部分的图画在右侧，在倒T字的最下方有一句简短的讨论总结。

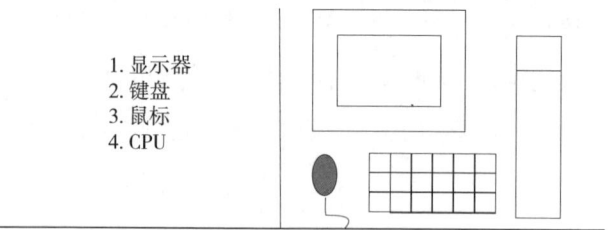

图6.4 Word中创建的组合笔记

利用文字处理软件、画图软件或演示软件可以轻松地创建一个组合笔记模板。Macintosh 系统 Word 中的"笔记本布局视图"功能同样也可以帮助我们记笔记(该功能目前在 Windows 操作系统中不可用)。要激活此功能,需点击 Word 页面左下方的按钮。在该视图中,学生可以轻松地组织所记的笔记,也可以方便地添加图画和录音。图 6.5 呈现了一位学生利用"笔记本布局视图"功能所记的笔记。

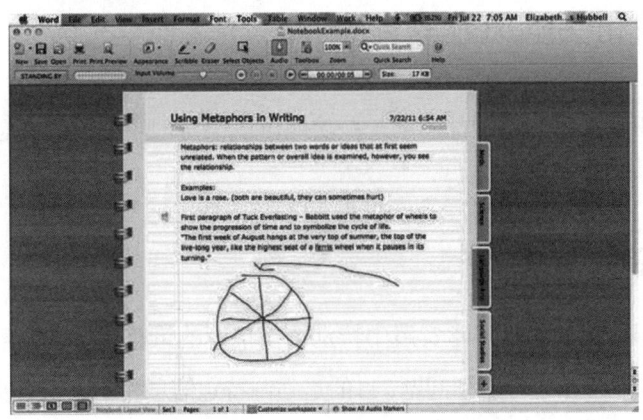

图 6.5　Word 中的笔记本布局视图

这里列举一些可以帮助学生记笔记和组织笔记的 iPad 应用程序:

● Notes。这是 iPhone, iPod Touch 和 iPad 里内置的记笔记 App。在一个简单的黄色便笺簿界面上,学生通过打字或触控笔就可以记笔记了。

● Evernote。这款 App 可以和用户的在线 Evernote 账号同步。用户可以通过高亮显示文本、截屏、上传照片等方式收集笔记内容,并通过标签将笔记组织起来。

● AudioNote。这款 App 可以让学生边录音边绘制或键入笔记。回放时,该 App 将高亮显示录音中某时间点所记录的笔记内容。

- Infinote。这款 App 提供了一块虚拟的"软木板",学生可以使用虚拟的"便笺条"贴在这块虚拟的板上来记笔记。
- PaperDesk。这款 App 可以让使用者从诸多的纸张样式(例如白色笔记本纸、方格纸、黄色便笺簿纸)中挑选某款用于记笔记。它也含有录音功能,允许学生用语言记录要点。

▶ 组织和头脑风暴软件

组织和头脑风暴软件中的一些功能可以很好地帮助人们做总结和记笔记。

做总结

使用总结框架是课堂实践中特别值得推荐的策略。总结框架指的是教师向学生提出的一系列问题,目的是强调特定信息和测试中需要注意的关键要素。《有效课堂教学(第二版)》(Dean, Hubbell, Pitler, & Stone, 2012)中列举了六种类型的总结框架:叙事、主题限制与说明(topic-restriction-illustration,T-R-I)、定义、论证、问题与解决方案、对话。总结框架实际上是一种先行组织者或教师预备好的内容,目的是帮助学生在阅读或观看视频时聚焦重点。举一个例子,普林格尔(Pringle)老师正在教 3 年级学生有关乐器家族的知识,她发现在一个由旧金山交响乐团创建的网站 www.sfskids.org 上有很多资源。在引导学生登录该网站前,她利用 Kidspiration 创建了一个定义框架帮助学生了解管弦乐团乐器的家族(见图 6.6)。定义框架列举了如下的问题:

- 给哪个术语下定义?

- 该术语属于哪个大类?
- 这个术语区别于大类中其他术语的特征是什么?
- 定义的术语还包含哪些类型?

普林格尔老师将她班上的学生分为四个专家组,每个组负责一个管弦乐家族。每组的学生通过查看SFS网站让自己成为某一乐器家族的专家,并根据定义框架的问题总结网站上的信息。之后,普林格尔老师将学生分成四人一组,每组的学生分别是不同管弦乐家族的专家,彼此分享自己学到的信息。这种拼图学习活动可以让学生互相帮助,利用定义框架来进行内容总结。

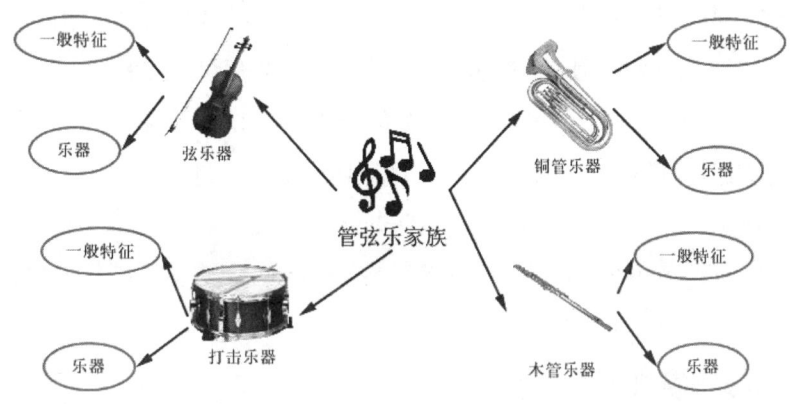

图 6.6 用 Kidspiration 创建的定义框架

在课堂上,普林格尔老师发现有些学生在总结乐器家族的特征时遇到困难,因此,她决定使用第二种总结框架 —— 主题限制与说明(下文简称T-R-I)框架来帮助这些学生。T-R-I框架给学生提供了三个引导性问题:

- 该主题或陈述的内容是什么?

- 哪些信息缩小或限制了该主题或陈述？
- 哪些例子可用来说明该主题或限制？

普林格尔老师让那些无法总结乐器家族特征的学生到 TeacherTube.com 网站上查看本杰明·布里顿（Benjamin Britten）的《给年轻人的管弦乐团指南》(*A Young Person's Guide to the Orchestra*)的解说版。利用 T-R-I 框架提供的引导性问题，学生能够更好地界定管弦乐团乐器的家族。

再举一个例子：温斯洛（Winslow）老师在教他的 6 年级学生学习名为"污染：一个肮脏的词"的单元内容。在简短地介绍了不同类型的发电厂后，他向学生呈现了几个事先下载好的描述燃煤发电厂污染的视频，还播放了有关切尔诺贝利核事故和 2011 年日本海啸后果的视频。由此，学生既了解了燃煤发电厂带来的污染，也知晓了核电厂可能带来的问题。为了帮助学生总结他们的思考，温斯洛老师选择使用问题与解决方案框架。该框架通过以下五个引导性问题帮助学生思考这一议题：

1. 问题是什么？
2. 可能的解决方案是什么？
3. 其他解决方案可能是什么？
4. 其他解决方案还可能是什么？
5. 哪个解决方案有最大的成功可能性？

温斯洛老师从 www.webspirationclassroom.com 网站的模板库中选择了一个模板：**启动文档 > 思考与规划 > 问题与解决方案描述**。如图 6.7 所示，这一模板可以在学生以小组为单位开展问题界定和提供解决方案等活动时提供帮助。它为学生提供了一个看待问题的清晰结构，并帮助他们发现解决方案可能会导致的意想不到的后果。

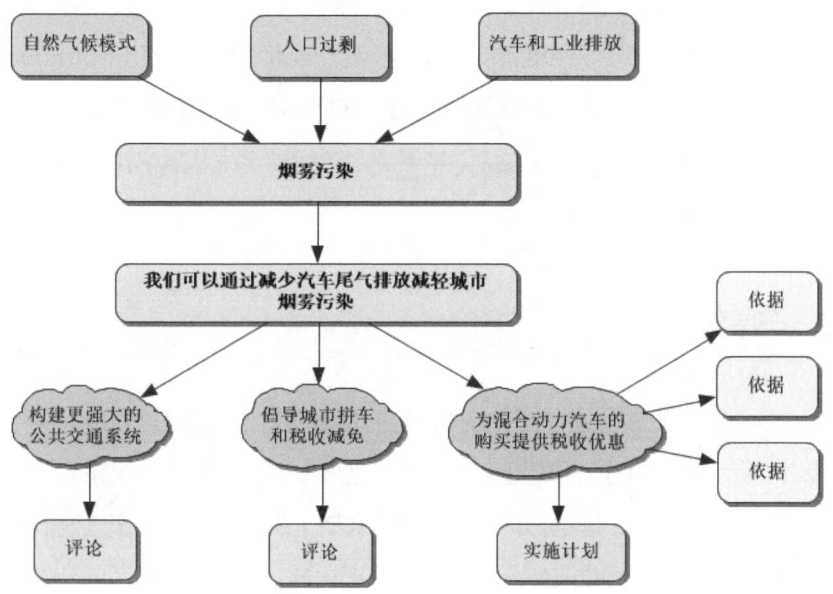

图 6.7 用 Webspiration 创建的图形组织者

记笔记

绝大多数老师坚持让学生记笔记。毕竟,没有笔记,学生该如何学呢?不幸的是,很少学生真正理解记好笔记意味着什么。我们针对课堂上使用记笔记策略给出的建议包括使用多样化的记笔记格式,以及给学生呈现教师准备的笔记。Inspiration 软件中有大量的模板可供教师和学生在记笔记过程中使用。

这里举一个例子。辛普森是一名 10 年级的语言艺术老师,在教授约翰·斯坦贝克写的《愤怒的葡萄》课文之前,她用 PowerPoint 和视频作为先行组织者,然后给学生布置了阅读该书的几个章节的周末阅读作业。等学生周一回校后,她让学生以小组的方式讨论书中主要角色汤姆·乔德

(Tom Joad)的性格特征。她希望学生有关角色特征的讨论可以围绕作者的本意,因此便使用 Inspiration 软件整理了一些笔记来引导小组讨论。相对图片而言,有些学生更喜欢用文字表达。因此,在创建了 Inspiration 文档之后,她点击**文件 > 转移至 Word**。这样,学生可以拥有图片版本和文字大纲版本的教师笔记。之后,辛普森老师指导学生从书中找到描述角色每个特征的例子。

▶ 多媒体

学生不仅能够创建有关多媒体内容的总结和笔记,还可以利用多媒体完善、展示他们的总结和笔记。例如,三位高中生利用维基合作完成一个电影预告片的项目,该电影讲述的是尤力乌斯·凯撒的生平。课上他们各自独立记笔记,通过维基整合了各自的笔记内容,并由此创建了自己的脚本。在后面的"交流与合作软件"一节我们还会接着介绍这个例子。

当学生使用多媒体时,他们会被其中的娱乐因素所吸引,容易忽略对内容的批判性分析,而批判性分析对于创建可用于后续学习的有用笔记是非常有帮助的。当教师将多媒体引入课堂后,他们一定要确保学生专注于区分重要内容和不重要内容,能凝练主题,能基于各自的学习风格个性化处理自己的笔记。

当学生创建多媒体形式的总结时,情况是一样的。学生往往容易关注演示效果而忽略内容。很明显,花很多时间来选择字体大小和背景颜色是不明智的,明智的做法是辨别和分析内容的核心要素。但从好的方面说,利用多媒体做总结和记笔记是有趣的,可以让学生沉浸在内容中。例如,教师往往会让学生就其祖父母经历过的一个历史事件或一段历史年代采访他们,多年的教学实践证明这个教学活动是很有效的。随着技术的进步,

第六章
做总结和记笔记

家长们还能将采访过程用技术手段留存下来作为纪念。

接下来要讲的是一个更具体的例子。梅迪纳(Medina)老师在社会课上给初中班学生布置了一个作业,让学生到附近的活动中心采访年长市民有关民权运动的看法。学生将采访全程录像,回校后和组员们一起观看录像、讨论、做笔记,最终将采访总结提炼为共同的主题。之后,他们利用实际采访视频中的片段内容创建了一个有关民权运动的新闻报道。因为每组都只有三分钟的新闻报道时间,因此,学生需要使用一定的总结技巧来让报道变得简洁且深入。

在另外一个例子中,秋(Cho)老师希望在6年级品格教育课程中同时使用视频制作和对话总结框架。她让学生三人一组去录制有关非暴力欺凌场景的视频。之后,小组之间交换视频资料,组员们根据对话框架的步骤讨论视频:

1. 视频中的人物相互之间如何打招呼?
2. 视频中暗示、揭示或提及了哪些问题或话题?
3. 人物间的讨论进展如何?
4. 结论是什么?

利用该框架,班里的学生可以更好地分析"欺凌"由什么构成。之后,学生根据自己的理解提出了同学间交往需要遵循的一些准则。

利用多媒体开展做总结和记笔记活动的另一个不错选择是使用基于幻灯片的组合笔记。PowerPoint, Prezi, Keynote 和 Google Presentation 等多款应用软件都可以用来开展这样的活动。选择幻灯片的两栏版式,在左侧呈现基本概念,在右侧呈现多媒体效果。幻灯片的底部呈现的是针对组合笔记内容的总结。图 6.8 和图 6.9 展示了一位老师利用 PowerPoint 制作的任务指南和模板。

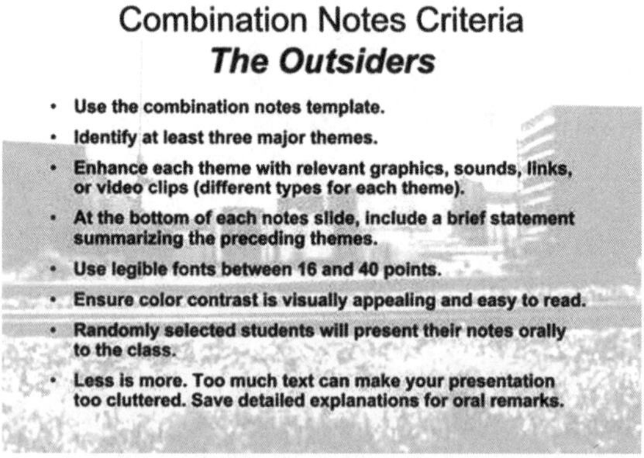

图 6.8　PowerPoint 组合笔记任务的指南

剪贴画版权所有 ©2012 Jupiterimages Corporation

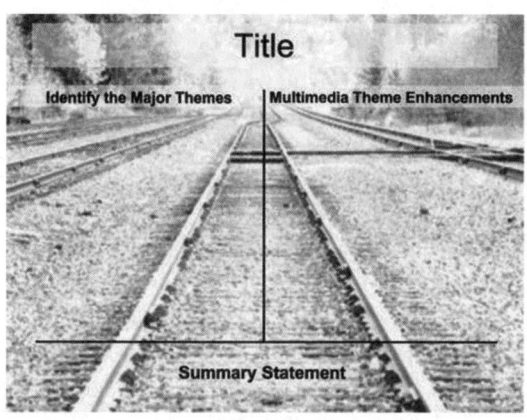

图 6.9　用 PowerPoint 创建的组合笔记模板

剪贴画版权所有 ©2012 Jupiterimages Corporation

图 6.10 展示了一位学生创建的组合笔记,该笔记总结了苏珊·依·辛顿(S. E. Hinton)的作品《局外人》(*The Outsiders*)。虽然这位学生选择的图像、音频和视频不一定是你会选择的,但对他而言是非常有意义的。这

一点非常重要,因为笔记是个人学习和记住所读作品内容的个性化工具。

The Outsiders

1. Gang/Class Conflict
2. Honor Among Thieves
3. Redemption/Self-Sacrifice
4. Superficial Prejudgment

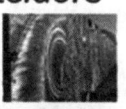
1. Gang Graffiti

3. Listen to "Redemption Song" by Bob Marley

2. Robin Hood & His Merry Men

4. Watch the Movie Trailer

The lowest and highest social classes are equally capable of both noble and malicious acts.

图 6.10　用 PowerPoint 创建的组合笔记

照片拍摄自 Les Chatfield（leslie_chatfield@yahoo.co.uk）

剪贴画版权所有©2012 Jupiterimages Corporation

对于使用论证框架学习某些主题的学生而言,他们可以通过下述问题来厘清以下四个要素:证据、主张、支持和主题的限定词。

1. 证据:作者提供了什么信息来引出其主张?
2. 主张:作者认为什么是正确的?所提供信息的核心观点或主张是什么?
3. 支持:哪些例子或解释支持了该主张?
4. 限定词:作者提出了哪些针对主张的限制条件或与主张相反的证据?

在上面这个例子中,主张指的是社会阶层中最底层和最高层的人都有可能做出高尚或卑劣的行为。

将总结可视化的另外一种途径是创建"词云"。在词云生成网站tagxedo.com 或 wordle.net 上，用户可以针对任何主要主题词生成可视化描述性总结。登录维基百科官网 wikipedia.org，查找一个你想教或想学的主题，等确定了主题，从左侧边栏选择**打印／导出＞可打印版**，将所选文本粘贴到之前提到过的某个词云生成网站中，你就会看到一张可视化的、内容丰富的总结图。另外，你还可以选择改变其形状和颜色。图 6.11 显示了一张利用 Wordle 制作的有关水门事件的词云总结图。

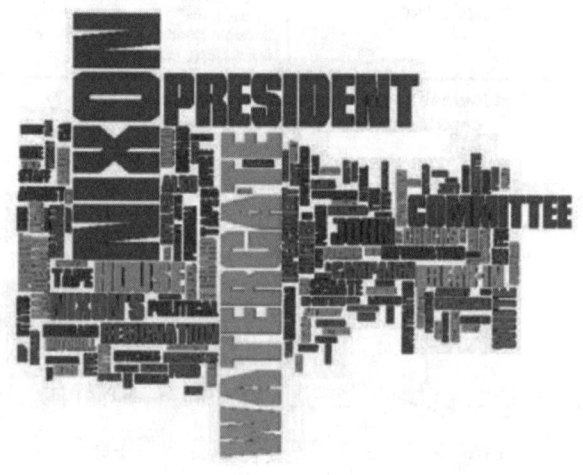

图 6.11　用 Wordle 创建的水门事件总结图

很多师生将做总结和记笔记视为个人活动。确实，它们通常是个体的活动，不过大家也可以合作做总结和记笔记。有几个网站可以为此提供便利：

 Google 文档

https://docs.google.com

这款免费的办公应用软件可以让学生导入现有文档，包括电子表格、演示文稿，或者从头开始创建新文档。文档通常被存储在云端，可通过任何浏览器浏览,其他用户受邀请后可以一起编辑文档。

◁ Your Draft

www.yourdraft.com

这款免费的在线编辑软件可以快速、灵活地创建笔记。用户可以给他人编辑的权限,或者只允许他人浏览页面和添加回复。

◁ Writeboard

www.writeboard.com

该网站允许用户开展以下活动:创建可共享的文档、保存每一次编辑的内容、恢复到之前编辑的版本,以及比较前后变化等。

◁ NoteStar

http://notestar.4teachers.org

NoteStar 允许学生从网络中获取信息并将它们组织起来,自动生成 MLA 或 APA 格式的参考文献。教师也可以使用 NoteStar 创建一个项目,并将项目分配给不同学生来完成。该网站适合 4—12 年级的学生使用。

◁ ThinkFree

www.thinkfree.com

类似于 Google 文档,ThinkFree 也是一款免费的在线办公应用软件。用户可以合作准备文档、电子表格和演示文稿。

◁ ThinkTank

http://thinktank.4teachers.org

ThinkTank专门为3—8年级的学生所设计，允许学生利用在线工具逐步聚集其项目主题。该网站用一种叙事框架组织内容，通过一系列问题激发用户在开发项目的过程中进行思考。学生在开始他们的项目后，还可以将该网站结合NoteStar一起使用。

Cornell Notes

http://coe.jmu.edu/LearningToolbox/cornellnotes.html

很多学校使用康奈尔笔记法（Cornell Notes）作为学校或学区的一种教学策略。该网页来自詹姆斯麦迪逊大学网站的学习工具箱，对如何使用康奈尔笔记法记笔记提供了指导性说明。

Typewith.me

http://typewith.me

这个使用很方便的网络工具可以允许多人即时合作完成做总结和记笔记等活动，而不需要事先创建账号或登录账号。参与的学生每人会被分配使用一种颜色，这样很容易知道谁贡献了文本的哪一部分。该网站还有聊天的功能，学生可以利用它来讨论作业。此外，通过分享文档独一无二的URL，学生就可以邀请合作者一起开展活动。（类似的网站还有http://primarypad.com 和 http://titanpad.com）

Lit Summary Podcast

www.learnoutloud.com/Catalog/Literature/American-Classics/Lit-Summary-Podcast/24192#3

该播客的每一集都用音频的方式呈现了西方文学中某一本经典著作的概要。

➢ Township High School Summary Frames

www.d214.org/staff_services/si_summary_frame.aspx

这个来自伊利诺州阿灵顿高地乡镇高中的网站提供了大量的、可供下载的总结框架示例及其使用说明。

➢ The Jigsaw Method

http://olc.spsd.sk.ca/de/PD/coop/page4.html

这个来自加拿大萨斯喀彻温省萨斯卡通公立学校的网站提供了很多有关拼图学习法的好资源,由此帮助学生合作总结庞大的知识体系。

▌交流与合作软件

虽然电子邮件和服务器上的群组文件夹可以支持多人一起做总结和记笔记,但一些新工具的出现为学生合作做总结和记笔记提供了更为直观和无缝的方式。强调合作的在线工具,如维基和博客,允许小组成员共享资源、编辑网页,以及通过"标签"或短描述符便捷地查找和分类信息。本节我们将介绍维基、博客在合作性做总结和记笔记活动中的作用。

维基

西蒙斯(Simmons)是一名10年级的英语老师,他正在带领班级学生对莎士比亚的《尤力乌斯·凯撒》(*Julius Caesar*)进行学习总结。为了评估他的学生对该戏剧的理解程度,西蒙斯老师布置了一个最终作业——为一部描述凯撒生平的电影制作简短的预告片。在布置作业之前,他根据RubiStar提供的多媒体评估标准设计了一个量规,分别从声音、配乐、经济性、历史的准确性和吸引力等方面给出了等级分。作业内容如下:

为一部讲述尤力乌斯·凯撒生平的虚构电影创作前导广告（预告片），你可以使用真人动作、黏土动画、剪纸动画或绘制的动画等形式。短片中需要包含旁白、配乐以及莎士比亚剧本中描述的有关凯撒生活的场景。你可以独立作业，也可以小组作业，小组可以自由组合但人数不能超过3人。登录班级网站可以查看该作业的量规，由此了解该作业更多的信息。

杰克、珊特尔和戴恩三人决定组成一个小组完成一部真人预告片。他们需要做的第一件事是将之前课上各自记的笔记组合成集体笔记。之后，他们需要总结集体笔记的内容并将其放在项目脚本的开头。他们决定用PBWorks维基网站（http://pbworks.com）来完成这个合作活动。

PBWorks网站上有很多简易教程可以帮助学生快速学会如何创建维基网站并将其个性化。在教程的帮助下，杰克创建了他们的维基网站（http://caesar.pbworks.com），将之前课程中记的笔记内容粘贴到他创建的一个网页上，并把网页命名为"凯撒生平"。他还在维基百科网站上找到了一张凯撒的半身像，将其粘贴到页面上。珊特尔和戴恩浏览了他粘贴的笔记，并将自己的笔记内容也粘贴到了该网页上，由此形成了一个合作完成的有关尤力乌斯·凯撒生平的网页内容。

在杰克创建的维基中，珊特尔添加了三个新网页：资源、作业和故事板。她还添加了侧边栏以方便导航。在"资源"页面中，她链接到了维基百科和自己在del.icio.us网站上的账号，该网站上有之前她保存的标签为"凯撒"的网络链接。这样做就方便小组成员在写脚本时共享这些资源。接下来，戴恩将西蒙老师布置的作业内容粘贴到该网站，以便组员能聚焦要完成任务的主题；他也将西蒙老师提出的量规拷贝粘贴到一个单独的网页上。

回到项目本身，珊特尔建议他们三人先写一个脚本，之后再完成故事板,杰克表示同意。因此,三位同学开始编辑和完成预告片的脚本。他们可以选择单独在家写脚本,或在午餐时间、自习时间一起写,又或者在放学前后选择在学校媒体中心单独或协作完成脚本。维基为他们三人提供了一个共同空间,他们可以在此记笔记,总结信息、计划和开展项目。如果西蒙老师或任何一个组员想查看小组活动过程中的脚本修改情况,可以打开维基网页上的"查看历史",除了修改情况,还能了解每一个修改版本是由谁保存的。大多数维基,包括PBWorks,都含有此功能。

在布置这个项目之前,西蒙老师已经教过学生六种不同的总结框架,这些框架在《有效课堂教学(第二版)》中被详细讨论过。为了帮助学生总结预告片内容,西蒙老师建议学生使用叙事总结框架。对此,他解释道,叙事总结框架能够引导学生解决一些与作品有关的问题,并帮助学生确定预告片中的角色、情节背景、起始事件、内部反应、目标、结果和解决方案等内容,这对预告片的制作是很有益的。对于预告片,杰克、珊特尔和戴恩决定省略结果和解决方案这两部分的内容,以防"泄露"电影的结局。

博客

博客为交互式教学策略的实施提供了一种非常有效的途径。这个高度结构化的同伴教学方式具有四个要素:(1)总结;(2)提问;(3)阐明;(4)预测。当学生们独立阅读某一段内容后,教师安排某位学生为全班同学总结该内容,其他同学或教师在该学生总结过程中提供帮助。之后为了强调该段内容的重要部分,该学生须向全班同学提问。接着,该学生要求班级同学阐明一些容易让人感到混淆的信息。最后,该学生可以和全班同学一起预测这段内容之后会呈现什么内容。

交互式教学不仅可采用阅读和面对面对话的方式,还可借助基于网络的教育电影和播客来开展。例如,霍尔特(Holt)老师,一位4年级教师,希望用交互式教学策略教授学生能量的不同形式。博客为学生提供了使用交互式教学策略的手段,且允许学生突破课堂时空限制,开展更深入的交流。霍尔特老师登录 BrainPOP 网站,安排整个班级的学生观看名为"能量形式"(Forms of Energy)的 Flash 短片。在学生观看短片的同时,她在博客中输入一些短片中提到的词汇:势能、动能、化学能、电能、光能、机械能、热能和核能。之后,她选择让约拿(Jonah)同学带领全班在博客上开展讨论。

约拿登录到博客,开始总结他从短片中了解到的内容:能量可以来源于不同地方,势能是被储藏起来的能量,动能则与物体运动有关。接下来,他键入了几个有关不同能量形式的问题向全班同学提问。到第二天,全班同学根据他们的理解对问题进行了回应,并给出了不同能量形式的例子。同学们可以通过投影仪在大屏幕上一起观看彼此在博客上的留言,霍尔特老师对学生表现出来的交互水平感到非常高兴。

接下来的一天,约拿要求班里的同学阐明一些关于核能的问题,但似乎大家对此问题都比较困惑。因此,他们决定再次观看短片中的相关内容片段。霍尔特老师还在博客中发帖子阐明有关核能的知识点,并收到大量的诸如"啊哈!"的回复。最后,约拿预测下一步他们将学习哪些能源是清洁和便宜的。他注意到 BrainPOP 上有关能源形式主题的视频中有一个是关于化石燃料的,因此,他还预测他们接下来会学习如何利用化石燃料产生能量。

该博客作为班级讨论的档案袋,可供学生后续复习使用,同时也可成为教师评估的参考依据。霍尔特老师将博客的链接分享给了家长,家长也因能看到孩子所在班级的讨论内容而兴奋不已。

第七章
布置家庭作业和提供练习

家庭作业和练习给学生提供了回顾和应用所学知识和技能的机会。

最近几年,有关家庭作业有效性和重要性的研究结论虽然好坏参半(Kohn, 2006; Marzano & Pickering, 2007),但大部分教师仍继续给学生布置家庭作业并相信这样做是对的。很多因素会影响家庭作业对学生学业成就的作用,比如家长参与程度、家庭作业质量、学习者的学习偏好、作业的内容构成及其监控情况,以及家庭环境(Hong, Milgram, & Rowell, 2004; Minotti, 2005)。库珀、鲁滨逊和潘托尔有关家庭作业实践研究的元分析为家庭作业的积极作用提供了支持(Cooper, Robinson, & Patall, 2006)。通过使用叙事和定量研究方法,该研究分析了1987—2003年间有关家庭作业研究的结论,发现家庭作业和学生学业成就之间呈正相关,其中的效应量为0.60。尽管如此,其他学者发现这两者间没有正相关关系(Vatterott, 2009)。

利用得当的话,家庭作业可以为学生提供熟悉新概念的机会及实践、回顾和应用所学知识和技能的机会。它也可以帮助学生加深对所学知识的理解,提高他们的技能熟练程度,以及让他们的学习突破课堂的时空限制。本章中推荐的活动能帮助教师和学生最大限度地从家庭作业中获益,避免一些陷阱。

我们为"布置家庭作业"的课堂实践提三条建议：

建 议

- 制定并传达学区或学校的家庭作业政策。
- 设计能够支持课程学习的家庭作业并讲解其设计目标。
- 为完成的家庭作业提供反馈。

安排学生针对某一项技能或概念进行练习可以提高他们的能力，以便更快达到预期的熟练水平。然而，并不是所有类型的练习都能促进学业成绩的提高。例如，"传统的"练习——像回顾笔记或重读课文——对学业成绩几乎没有影响，但有这样的练习仍比没有好（McDaniel, Roediger, & McDermott, 2007）。

有效的练习应有明确的目的，即它需让学生通过测试、复述或自我评价（例如用抽认卡或标签进行自测）等活动来积极地回忆所学内容。如果这些形式的"练习"经常发生（在获取新知和最后测评之间能发生2—3次）的话，它对学生学业成绩的提高是有作用的（Karpicke & Roediger, 2008）。在学习过程中定期对学生进行测试同样会对学习产生积极影响（Carpenter, Pashler, & Cepeda, 2009; Rohrer, Taylor, & Sholar, 2010）。

当要求学生一次练习好几项技能时，练习效果也可能会更佳（Hall, Domingues, & Cavazos, 1994; Rohrer & Taylor, 2007）。究其原因，可能的解释是：这样的练习让学生既完成了学习的过程，又训练了发现学习所需步骤的能力。此外，当学生能够得到有关作业准确的反馈并从中知道后续练习什么和如何练习时，其知识和技能水平及保持率都会提高（Pashler, Rohrer, Cepeda, & Carpenter, 2007）。集中一次练习的效果不如分开多次练习的效果：一般来说，学生若要达到80%的能力水平，他们需要练习24次以上（Anderson, 1995; Newell & Rosenbloom, 1981）。

基于这些研究结果,我们对"提供练习"提三条建议:

建　议

- 清晰地界定和传达练习活动的目的。
- 设计简短、重点突出且时间上分布匀称的练习环节。
- 为练习环节提供反馈。

技术通过以下方式来促进"布置家庭作业和提供练习"策略:提供丰富的课外学习资源;为学生合作完成家庭作业提供方便;提供"操练和练习"资源帮助学生完善其技能。

很多用于练习的技术可以跟踪学生的进步情况,并据此提供更富挑战的任务。对学困生帮扶策略的研究发现,计算机辅助教学能帮助到这些学生,因为它具有客观性和激励性,能提供定期和即时的反馈,能满足学生个性化学习需求,允许学生有更多的自主权,并提供多感官学习环境(Barley et al.,2002)。

在本章中,我们将介绍可以支持家庭作业和练习的几个技术类别:文字处理应用程序、数据收集和分析工具、多媒体、教学交互以及交流与合作软件。

▶文字处理应用程序

很多人认为文字处理应用程序功能十分单一:用它键入文件,仅此而已。然而,文字处理应用程序中丰富多样的工具让它的功能远超过一台电子打字机的功能。

Word是目前最常用的文字处理软件之一,我们在本书的其他章节中讨论了该软件中的很多工具,但我们没有讨论过该软件在研究中的应用能力。几乎每个教师都知道让学生在开展研究时去诸如 Google 或 Yahoo 等搜索引擎上搜索想要的信息,但很少有教师知道可以让学生在 Word 中进行搜索。在 Word 中选中并右击任何一个字都会弹出一个对话框,该对话框具有**查找**命令,单击此命令会在右侧出现一个页面,学生可以查看到字典、同义词库,甚至是 Bing 搜索引擎中有关所选字词的信息。

相比较打开浏览器利用通用搜索引擎来搜索信息,用 Word 中的这一功能产生的搜索结果针对性会更强一些。对于年轻的学习者和初出茅庐的研究者而言,这会是一个显著的优点。在 Word 文档中搜索的学生可以避免徒劳无功的搜索,也可以减少网络诸多无用信息的干扰。

这里讲一个例子,是有关学生如何利用 Word 进行研究的。汤普森(Thompson)老师正在教授 5 年级学生学习有关纳粹大屠杀的内容。作为该单元最后的作业,她给学生提供了主题选择清单,其中一些主题是学生自己提出来的,作业形式可以是幻灯片演示文稿、电影或有标准的报告。

学生艾玛(Emma)决定做一个报告,因为在其他单元中她已经做过演示文稿和电影了。当她在家里用电脑准备报告时,她在文档中注意到单词"迫害(persecution)"。虽然艾玛知道自己之前在哪里看到过这个单词,但她不确定它的意思,所以她就选中这个单词,右击它,选择**查找**命令。查找页面给出的定义为艾玛提供了一些帮助,但她仍不确定自己是否完全掌握了它的意思。因此,艾玛点开了同义词库并阅读了有关"迫害"的近义词:欺凌(bullying)、骚扰(harassment)和歧视(discrimination)。查看单词定义及它的近义词让艾玛对该单词的意义有了更好的理解。

当完成报告的初稿后,艾玛利用 Word 中的"拼写和语法"功能检查了她文本的写作水平(见第一章内容)。她发现自己的弗莱士 - 金凯德年级水平(Flesch-Kincaid grade-level)仅得了 4.9。艾玛意识到她需要通过使用一些课程中新学的词汇,将常用的形容词改为 Word 同义词库中提供的更具描述性的近义词，以及合并一些短句等方式来提高自己的写作水平。

▌数据收集和分析工具

不论是在家用电脑、教室里的笔记本电脑，还是实验室的电脑上完成，家庭作业和练习中使用电子表格通常是为了让学生利用数据来掌握概念和技能。学生可以通过计算、操作和显示数据来获得对所学知识更深入的理解。

这里举一个例子。瑞安·特内奇（Ryan Turnage）在卡罗琳高中教体育，同时也是该校的足球教练。他的同事贝克（Baker）老师教代数。贝克老师请特内奇教练帮忙让球员练习数据分析技能。特内奇负责足球队的力量和体能训练，于是他决定让球员记录自己的训练情况，即在每次训练中举重的重量以及举重的次数。球员的更衣室旁边就有一个计算机实验室，因此，每次训练结束，特内奇让球员打开电子表格并录入自己记录的数据。他还让球员们记录自己的心率水平，之后又让球员们做心率水平和举重情况的相关分析。最后，球员们将电子表格存储在一个中央服务器的文件夹中，供后续使用。赛季结束时，球员和教练都可以查看每个球员训练过程中的进步情况；球员在贝克老师的代数课上用图表方式呈现这些数据。

当学生能熟练使用电子表格后，贝克老师教他们利用电子表格加深对抛物线函数的理解。作为"绘制二次函数"单元的内容，她给学生布置了求解抛物线函数和手工绘图等标准化家庭作业。之后，她将技术引入教学，让学生将家庭作业的答案输入电子表格中，以便学生清晰地看到抛物线图象是如何随着常量和符号的变化而变化的。

| 技术促进课堂有效教学
USING TECHNOLOGY WITH
CLASSROOM INSTRUCTION THAT WORKS

▶ 多媒体

一些创新型教师和学校通过"翻转课堂"实现利用技术改善或重新界定家庭作业和练习。2007 年,来自科罗拉多州落基山林地公园高中的两名化学老师,乔纳森·伯尔曼(Jonathan Bergmann)和亚伦·萨姆斯(Aaron Sams),首次尝试了翻转课堂实践。翻转课堂正逐渐改变一些教师传播信息和组织课堂活动的形式,其基本的想法是让学生在家里或公交车上通过播客或视频播客听(看)教师上课的内容,并在教师的指导下在课堂上应用所学到的知识。在这种课堂上,教师的角色从"内容的呈现者"转变成了"学习的指导者",他可以把大部分的课堂时间花在和学生交流及其他工作上,如开展提问活动、组织小组合作或对每一位学习者的学习进行个别化指导。(有关翻转课堂的更多信息,可以查看网站:www.thedailyriff.com/articles/how-the-flipped-classroom-is-radically-transforming-learning-536.php)

另外一个有关教学媒体的好案例是可汗学院(www.khanacademy.org)。可汗学院有超过 2400 个教学视频,内容涵盖数学、生物、化学、物理,甚至金融和历史,它是非常棒的在线免费教育资源集合体。视频长度大约 10—20 分钟,适合在电脑中播放;有限的视频长度便于学生消化和吸收知识点。此外,视频中较口语化的讲解风格与传统的数学和科学教学不同。可汗学院还为教师提供了一个面板,在上面可以跟踪学生在课程学习中的进展情况。

BrainPOP(www.brainpop.com)和 BrainPOP Jr.(www.brainpopjr.com)两个网站包含了数百个 Flash 短片,内容涵盖英语、社会、数学、科学、健康、艺术和技术等学科。每一个视频都伴随有十道测试题,这些测试题可以被打印出来或者通过电子邮件发送给教师使用，大多数内容有英语和西班牙语两个版本。BrainPOP 还有一个适用于 iPad 的 App，每天都会推出免费的短片。虽然以上网站需要付费使用，但它们值得被关注。

显然，利用和创作多媒体需要学生拥有较高程度的技术可及性。一些学校会给学生提供电脑及其他设备，而有一些学校的学生可以享受"一人一台笔记本电脑"项目带来的好处，即在整一学年中，每个学生都可以分配到一台笔记本电脑，如果学生家里没有电脑可以用，他们可以使用学校的电脑。当接触电脑不是问题后，教师便可布置多媒体作业以帮助学生加深知识理解和提高熟练度。用多媒体进行练习可以让学生在学习体验中更多地体现出自己的学习风格，并能将学生的理解水平提高至"掌握"的程度。

除了从多媒体中学习知识，如教育游戏和交互模拟等，学生还可以用多媒体开展学习，比如在家或在学校创作属于自己的多媒体作品，由此发展理解能力和练习技能。

当学生创作多媒体作品时，如第五章所讨论的，他们需要在课外完成很多任务。在完成脚本和故事板内容之后，学生可以考虑将家里或社区里的某些元素吸纳到视频中。相比较传统课堂和学校所能提供的，这样的作业为学生提供了更多的创造机会。

教师或学生还可以利用 Keynote 或 PowerPoint 等演示软件构建游戏，这也是将多媒体与家庭作业和练习结合的一种方式。游戏构建一般会用到演示软件中的超链接功能和动作按钮。和任何一个多媒体项目一样，游戏也需要在实际设计开始之前进行周密计划。莎拉·洛迪克（Sarah Lodick）在佐治亚大学完成数学教学任务时，希望她的学生可以通过学习使用笛卡尔坐标系掌握基本的画图技巧，因此，她通过 PowerPoint 创作了一个名为 BattleGraph 的游戏（如图 7.1）。这个游戏以战舰棋盘游戏为基础，学生可以自定义游戏或直接玩。玩家须使用 x 和 y 坐标将"战舰"放置在坐标系"海洋"上；同样的，也是使用 x 和 y 坐标去定位和打击对手的"战舰"。即使家里没有计算机的学生也可以玩这个游戏，因为这个游戏可以打印出来玩。该游戏资源的网址是 http://sarah.lodick.com/edit/powerpoint_game/battle graph/battlegraph.ppt。

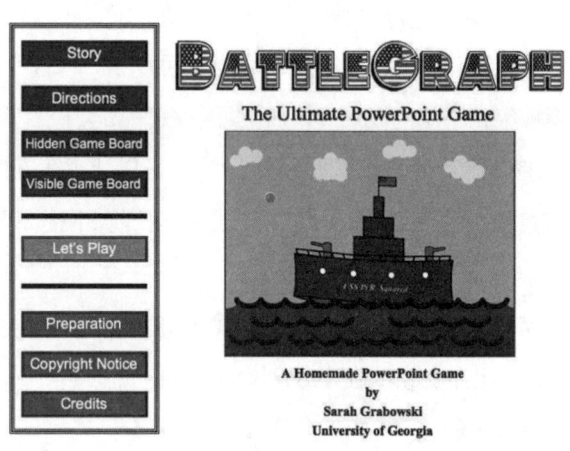

图 7.1 用 PowerPoint 制作的游戏 BattleGraph

友情转载自 Sarah Grabowski Lodick, MEd

▶ 教学交互

制作精良的软件可以协助教师为学生选择需要练习的学习任务，可以提供精致且无缝的多媒体以保持学习者投入，还可以提供即时反馈和脚手架帮助学生理解和练习某个概念。以下介绍几个有关教育软件的奖项：

 ComputED Gazette 颁布的教育软件评审奖和最佳教育软件奖

www.computedgazette.com/page3.html

第七章
布置家庭作业和提供练习

　　这两个奖项，简称 EDDIEs 和 BESSIEs，旨在表彰创新的教育软件。奖项类别分为早教阶段、小学低段、小学高段、初中、高中／大学、互联网工具、教育网站和教师生产力工具等。

◁美国软件与信息产业协会颁布的科迪奖

www.siia.net/codies

这些年度奖项的参赛作品由用户提名，奖项旨在表彰包括教育在内的各行各业的软件，教育新人奖是其中的一个奖项。

◁探索教育（Discovery Education）评选的最佳教育软件

http://school.discovery.com/parents/reviewcorner/software/

探索教育基于儿童和家长对教育软件的测试对其进行评审。测试人员旨在寻找那些设计精良、能鼓励学生学习的产品。每一款软件的点评均包含适用年龄、软件内容和注意事项等详细信息。

　　具有教育目的的交互式资源可以被分为两类：一类是长期的、基于项目的交互，其中包含模拟或游戏；另一类是简单的教学辅助工具，聚焦特定的概念或技能。两类交互的主要区别在于学习目标的范围和所包含的批判性思维的程度。第一类交互允许学生根据不同的意愿水平和兴趣选择不同的学习路径。这种交互包含即时和持续跟进的反馈机制，其最大的优点体现在四方面：能诊断学习者的学习需求；能为学习者设置学习进度；能与学习者进行交互；能根据学习者的学习水平调整其学习进度。相关的例子包括 Cognitive Tutor（www.carnegielearning.com/specs/cognitive-tutor-overview），Dimension U（www.dimensionu.com），GiSE（www.gise.rice.edu/gamelinks.html），PBS Kids'Cyberchase （www.pbs.org/parents/cyberchase），Ed Heads（http://edheads.org），the Fast ForWord Reading Series（www.scilearn.com/products/fast-forword-reading-series），以及 ExploreLearning 开发的 Gizmos（www.explorelearning.com）。

那些聚焦在特定概念或技能上的交互虽然非常有效，但与上面提到的那种交互相比，其内容没那么丰富，不能带领学生经历布卢姆教育目标分类中的各层级以培养其不同层次的批判性思维。不过，它们是导入和练习基础技能与概念的绝佳工具。

举一个例子。登普西（Dempsey）老师所教的 3 年级学生在学习酸、碱和 pH 值等概念。虽然学生在学校里做了相关的实验和活动，但登普西老师希望确保学生在该主题学习结束后能记住相关知识点。该主题教学结束后又过了几周，她要求学生完成 PBS KIDS 网站中一个名为"厨房化学（Kitchen Chemistry）"的虚拟实验活动（http://pbskids.org/zoom/games/kitchenchemistry/virtual-start）。该活动允许学生将一些物质"混合"在一起，以体验酸性、碱性溶液反应生成二氧化碳的过程。

在线活动结束后，学生可以获得一张奖励证书。为确保大家都能完成该网站上的活动，登普西老师让学生直接打印奖励证书交给她，或者对获奖证书进行截屏，将图片通过电子邮件发给她。之后，她还会用 BrainPOP 上的测试题检查学生对该主题知识点的掌握情况。

还有一个例子。一个 1 年级的班级正在学习短元音，但班上一些学生希望能完成一些更有挑战性的任务。登普西老师认为 Starfall 网站（www.starfall.com）是一个能帮助学生提高阅读技能的绝佳网站，该网站上有很多资源，涉及不同的阅读技能，可向学生提供有针对性的练习。在某次课上，登普西老师让班上所有学生都进入该网站的"学习阅读"页面，一些学生在其中练习短元音，另一些学生练习长元音和辅音混合。每一个元音都

第七章
布置家庭作业和提供练习

能链接到一本电子图书。学生点击电子图书中不熟悉的单词时能听到它们是怎么念的，还可以玩关于特定元音的游戏，以此建立对元音的理解。该网站上活动的多样性和呈现方式的灵活性让每个学生都能根据自己的需求来训练技能，也让教师能针对不同的学生采用不同的教学内容。

以下推荐的这些网站同样是对家庭作业和练习很有帮助的资源：

⬩ BBC Skillswise

http://bbc.co.uk/skillswise

这个资源来自 BBC，包括算术和词汇两部分，每一部分都包含适合 3—8 年级学生的练习题、游戏和测试，涵盖的概念包括标点符号、分数、后缀和乘法等。

⬩ National Library of Virtual Manipulatives

http://nlvm.usu.edu/en/nav/vlibrary.html

该资源来自犹他州立大学，包含很多能帮助学龄前至 12 年级学生理解数学概念的虚拟教具，如立方块、几何钉板、代数砖、代数天平以及各类拼图等。

⬩ Flashcard Exchange

www.flashcardexchange.com

教师和学生可以利用该资源制作自定义的虚拟抽认卡，也可以查看其他用户制作的抽认卡。教师可以为学生创建学习指南，或允许学生自己创建学习指南。学生可以用这些卡片玩"记忆"游戏。

⬩ Hurricane Strike!

http://meted.ucar.edu/hurrican/strike/index.htm

这个模拟资源出自科罗拉多州博尔德市的美国大学大气研究联合会（University Corporation for Atmospheric Research），它可以帮助学生了解飓风的知识，并学会在飓风来临的时候运用所学的知识做决策。

◁ Rocket Math

可在 Apple 的 App Store 和 Android 的应用市场中下载

Rocket Math 是一款适合所有年龄段孩子的免费数学应用。孩子们可以在其中练习基础的加减乘除运算或学习时间、金钱和三维图形等内容。所有数学问题都通过游戏化的界面完成，当孩子成功解决数学问题时，他们可以挣到虚拟币。虚拟币可用于建造个性化的火箭飞船。

▶ 交流与合作软件

第一章我们讨论了如何利用 Word 中的"修订"和"新建批注"功能给学生的作文提供反馈。虽然这些工具可以让多位作者很好地编辑一个文档以进行同伴互评，但其中还存在一些复杂的影响因素。要合作编辑一个文档，所有学生必须能打开共享的文件夹（在校外可能无法访问）或者通过电子邮件将文档发给一起合作的组员。通过电子邮件让一组人来一起编辑文档容易引起混乱和麻烦，通常会导致一个版本覆盖了另一个版本或一个文档出现了多个版本。在这种情况下，组员可以选择通过交流软件来沟通彼此的合作事宜。

举一个例子。在家庭经济学的课程中，某中学的几位学生决定将他们课程终期作业的主题定为"黑胡椒牛排配方的完善"。首先，他们每人在家里练习制作黑胡椒牛排。然后，他们比较各自的配方和配方的效果。由于需要分享彼此的配方调整方案，他们决定使用 Writeboard 网站（http://

第七章
布置家庭作业和提供练习

writeboard.com）。这个网站是一个类似维基的工具，允许多位使用者通过网络一起编辑文档（其他提供类似服务的网络资源在第六章中有所介绍）。Writeboard还允许使用者比较不同版本的文档内容并查看其中的变化，类似Word中的"修订"功能。由图7.2可见，第4个版本和第11个版本间的更改通过突出显示的文本和灰色的删除线标记出来了。

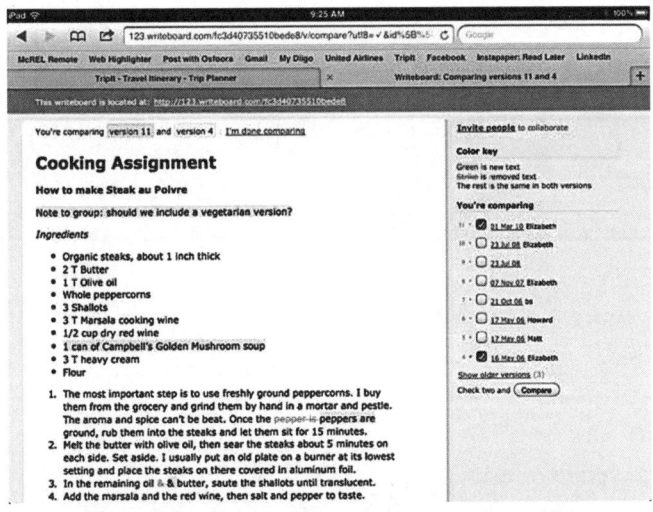

图 7.2　用 Writeboard 显示不同版本间变化的屏幕截图

如今，有很多资源可以帮助学生与教师、同学或校外帮助者沟通。使用博客这样简单的工具可以促进交流，为学生提供丰富的校外学习体验，让他们有机会分享面对面课堂上不愿意分享的一些内容。教师则可以使用 Google Chat、Skype、短信以及 Twitter 等工具让学习打破传统课堂的时空限制。[想要了解更多关于社交媒体如何提供丰富课外体验的例子，你可以阅读 2011 年 7 月 25 日刊登在《今日美国》(*USA Today*)上的一篇名为"社交媒体在课堂里找到一席之地"的报道，其网址为 www.usatoday.com/news/education/2011-07-24-schools-social-media_n.htm]

第三编

帮助学生拓展和应用知识

SECTION III

HELPING STUDENTS EXTEND
AND APPLY KNOWLEDGE

第八章
识别异同

让学生识别所学知识点之间的异同有助于他们更好地理解知识。在这个过程中,学生建立了新的连接,体验了新鲜的洞见,纠正了错误的概念。这些复杂的推理过程将加深学生对知识的理解。

"识别异同"这一策略包含以下过程(Marzano, Pickering, & Pollock, 2001):

- 比较 —— 词语"比较"(comparing)指的是识别不同事物或想法之间相似性的过程;词语"对照"(contrasting)指的是识别差异性的过程。不过,绝大多数教育工作者都用"比较"这一词来指这两方面的意思。
- 分类 —— 根据事物特征将相似事物归为一类的过程。
- 隐喻 —— 识别某主题的一般或基础模式,然后找到另一个看似完全不同但和该主题有着相同一般模式的主题的过程。
- 类比 —— 识别概念间关系的过程,换言之,识别关系之间的关系。

这些过程有助于将学生从现有知识引入新知识,从具体想法过渡到抽象想法,从分散的概念走向相互关联的概念。已掌握的知识就像锚点,帮助学生开展新知识的学习。很多学者认为这些过程是所有学习的核心内容所在（Bransford, Brown, & Cocking, 2000; Chen, 1999; Fuchs et al., 2006; Gentner, Loewenstein, & Thompson, 2003; Holyoak, 2005）。

基于 McREL 的研究，我们对课堂实践提出以下建议：

建 议

- 引导学生用多种方法来识别知识点间的异同。
- 在学生识别异同的过程中指导他们。
- 提供支持性线索，帮助学生识别异同。

通过帮助创建用于比较、分类、隐喻、类比的图形组织者，技术促进了识别异同的过程。在本章中，我们将介绍如何利用以下资源来帮助学生识别异同：文字处理应用程序、交流与合作软件、数据收集和分析工具、组织和头脑风暴软件以及数据库和参考资源。

▶ 文字处理应用程序

图形组织者是一个经过时间检验的可表征异同的方法，本章的"组织和头脑风暴软件"一节会对其做详细描述。不过，如果你没有这样的软件怎么办？没关系，文字处理应用程序中的绘图工具同样也可以用来帮助绘制图表或其他模板，由此来对事物进行比较和分类或说明一个隐喻或类比。例如，Word 中有 SmartArt 图形菜单，其中包含了各式各样的维恩图，它们可以帮助学生对概念进行比较和对照。你可以通过点击**插入 > SmartArt > 关系**来找到维恩图的选项。

另一种选择是创建分类表和模板。记住，所谓分类就是基于事物属性将其归置到可定义类别中的过程。文字处理应用程序可以轻松地做到这一点。如图 8.1 所示，费希尔（Fisher）老师使用 Google 文档给学生列出

第八章
识别异同

了一些地理术语,引导学生将这些地理术语进行分类并给每个类别定义名称。由于 Google 工具的协作特性,学生可以以小组形式完成该活动,每人使用自己的笔记本电脑。学生根据海拔对地理术语进行了初次分类,然后根据与水体或陆地的关系密切程度对这些术语进行再次分类。通过这样的过程,学生看待这些地理术语的方式被更新了。

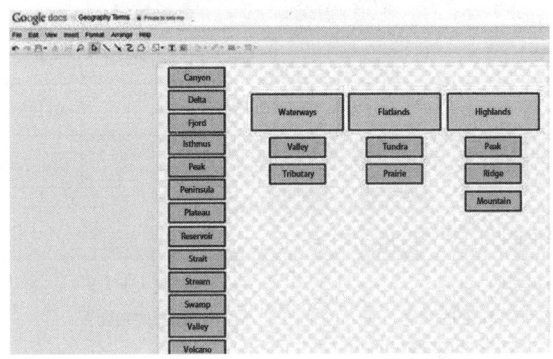

图 8.1　利用 Google 文档开展分类活动

图 8.2 呈现的是第二个例子。为了让学生更好地理解各种文学体裁,安德鲁斯(Andrews)老师在他的文学课上引导学生对文学作品进行更为抽象的分类。他给学生呈现了一张文学作品列表,以及一个包含蓝、紫、红、黄四个类别的表格,让学生自己定义哪种颜色代表哪种文学体裁。之后,他组织学生进行分类活动,让学生提出这些作品的共性,并让他们开展头脑风暴,想想是否还有别的分类依据,比如类型、作品年代或其他特征(如作品长短、难易程度、作者性别)。之后,学生各自编制分类表,并将作品归入合适的类别。

在整个活动过程中,学生需要经常回看这几个类别,对其进行重新思考,思考这些作品和类型间的关系。他们也需要思考分类的合理性以及选择的依据。活动的最后,安德鲁斯老师让学生交换完成的分类表,看看其他人是否能识别出分类表使用的分类标准。你可以以图 8.2 为例尝试一下，你能看出各颜色代表的类别吗？创建这个分类表的学生用蓝色代表复仇主题的书籍，用紫色代表描述人和社会之间冲突的书籍，用红色代表有关种族平等和种族关系的书籍，用黄色代表包含成长主题的书籍。

蓝色	紫色	红色	黄色
《哈姆雷特》	《哈克贝利·费恩历险记》	《杀死一只知更鸟》	《麦田里的守望者》
《双城记》	《局外人》		《红色羊齿草的故乡》
	《飘》		

确定你的分类依据，并将下列书籍进行分类：

- 《哈姆雷特》
- 《红色羊齿草的故乡》
- 《哈克贝利·费恩历险记》
- 《杀死一只知更鸟》
- 《麦田里的守望者》
- 《双城记》
- 《局外人》
- 《愤怒的葡萄》
- 《飘》
- 《推销员之死》
- 《呼啸山庄》

图 8.2　用 Word 创建的书籍分类表

到此，我们已经了解了几个让学生参与分类的例子，接下来我们来看一下如何提高学生辨识和类比等技能，这要求学生能识别两个元素间的相似性。

珀塞尔（Purcell）老师在他以往的小学课堂上用文字处理软件、笔记本电脑和投影仪等工具创建并展示了一个名为"每日类比"的思维游戏（见图 8.3）。新学年开始，他调整教学计划，先从自编的简单示例着手，如：

热对应冷如同夜晚对应_____。

硬对应_____如同高对应低。

经过几个月，当学生对于类比问题掌握较好时，珀塞尔老师便让学生自己来玩"每日类比"游戏，并于每天创建一个新的游戏内容，必要时老师提供一对一帮助。珀塞尔老师还借此机会为那些家里没有技术条件的学生安排一些简单的操作任务，让他们因此熟悉技术。有艺术偏好的学生和教师可以利用文字处理器中的绘图工具来创作描述性图形，互联网上也有非常丰富的图形资源可用于类比游戏。图 8.3 中的图形就来自 www.clipart.com 网站。

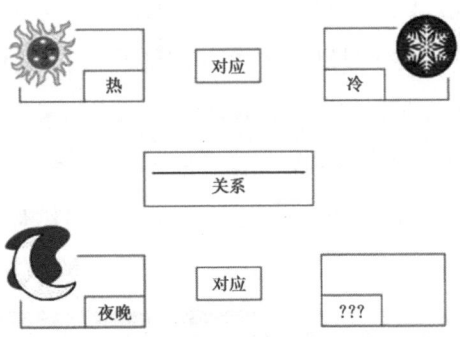

图 8.3 用 Word 创建的"每日类比"游戏

剪贴画版权所有 ©2012 Jupiterimages Corporation

交流与合作软件

接下来举一个在课堂上有效使用交流与合作软件的例子。林肯（Lincoln）是一名中学老师，她想要确保她的学生明白马丁·路德·金的"我有一个梦想"演讲对他们的生活带来的影响。她所在的学校拥有 Google 企业应用教育版——一套可在学校内免费使用且操作简单的应用程序。每个学生都有自己的 Google 账号，并均在 Google 协作平台的个人网站上建立了在线文件夹。林肯老师从 www.americanrhetoric.com/speeches/

mlkihaveadream.htm 网页上下载了"我有一个梦想"演讲稿内容并将它粘贴到 Google 文本文档中，之后她保存该文档，并在 Google 账号里保留了一份副本。因为林肯老师的所有学生都有 Google 账号且她有大家的账号用户名信息，这让共享文档变得很方便。每个学生都被邀请阅读演讲稿的内容并被授予协作权限。

林肯老师先给学生播放有关这个演讲的视频作为先行组织者。之后，她向学生介绍隐喻的概念以及如何利用隐喻表达意义。然后，她安排学生分段落对演讲的文本进行分析，学生要做的是在文本中找到隐喻的内容，用 Google 文档的高亮工具进行标记，并在圆括号内描述隐喻的含义（见图 8.4）。学生在操作的同时，林肯老师将该文本投影出来。很快地，学生标记出来的隐喻内容和输入的隐喻含义像彩带一样被呈现在屏幕上，演讲中隐藏的一些深层内涵因此被凸显出来。当所有隐喻内容被高亮和阐释之后，林肯老师带领学生学习每一个隐喻，并对文档中的解释进行完善。

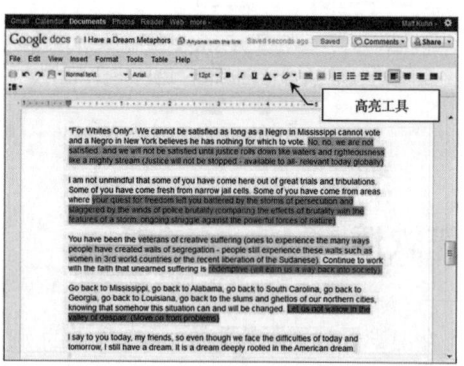

图 8.4　利用 Google 文档进行隐喻分析的案例

通过与同伴协作，学生可以对演讲的意义以及演讲与当今世界的关系有更深入的理解。Google 文档的使用使得学生可以开展实时协作，这让该活动变得有效、高效且有趣。

第八章
识别异同

▶ 数据收集和分析工具

电子表格软件便于数据比较的特点使其成为帮助学生识别异同的理想工具。

电子表格模板可以帮助教师实施这一策略。例如,李(Li)老师 2 年级的学生正在学习银河系的星球,包括它们的大小、质量和引力。为了解释引力的概念,李老师希望学生了解他们身体的重量——一个有关引力的函数——在太阳系各大星球上会有何变化。她查找了计算不同星球上重量的方法(有用的两个网站分别是:www.factmonster.com/ipka/A0875450.html 和 www.teachervision.fen.com/astronomy/lesson-plan/353.html),进一步发现,通过简单的计算,即将一个人在地球上的重量乘其他星球与地球上单位质量物体受到引力的比值,便可得到该人在其他星球上的重量。如果地球上的引力设为 1,其他星球的引力分别是:

水星	0.38
金星	0.90
月球	0.17
火星	0.38
木星	2.36
土星	0.92
天王星	0.89
海王星	1.13

李老师希望她 2 年级的学生聚焦于不同星球之间引力的差异而不是数

学里的小数乘法，于是她在 Excel 中创建了一个模板，当学生输入他／她在地球上的重量后，Excel 文档的模板能自动计算出其在其他星球上的重量。

让我们仔细了解一下该模板的制作方式。李老师给 B2—B11 的每一格都输入了一个公式：首先，她点击代表水星上重量的 B2 格，并在公式编辑栏中键入公式 **=B1*0.38**，意思是告诉软件将 B1 的数值（学生的重量）乘 0.38，并将乘积放入 B2 格。当她点击 B3 格时，她键入公式 **=B1*0.90**，意味着让软件将 B1 值乘 0.90。用这种方式她给 B2—B11 的每一个单元格赋予了特定公式，计算学生在不同星球上的重量。

接下来，当学生将自己的体重输入 B1，电子表格就会自动计算出他们在其他星球上的体重。如果李老师之前已经创建了一张图表将结果图示化，该图表也会自动更新。图 8.5 和图 8.6 显示的是地球上质量为 50 磅的学生在不同星球上的"质量[①]"及其图示。通过这柱状图，学生了解了用非言语表征描述他们在不同星球上的体重。接下来，李老师继续使用这些数据和学生探讨不同星球大小、质量和引力的异同。通过这些差异比较，学生开始分析星球大小和其他特征的差异如何影响他们的体重。

在另外一所学校，10 年级的科学老师洛肯（Lokken）也用 Excel 向她高年级的学生展示异同。在她的课堂上，学生从网站 www.timeanddate.com 上收集了世界不同城市日出日落时间的数据，他们的学习目标是知晓一个地理位置的纬度信息如何影响它在一年不同时间段里日长的变化。当学生收集好选定城市在同一个月中日出日落的时间后，他们就三人一组地将数据录入到电子表格中，并计算出 8 月份不同城市的日长（见图 8.7）。当学生接着将这些数据绘制成散点图后，他们可以轻松地比较不同城市的日长情况（见图 8.8）。

[①] 物体的质量不随位置的改变而改变。这里的"质量"变化实质上是所受引力的变化。——编者注

输入你的体重（磅）：	50
水星	19
金星	45
地球	50
月球	8.5
火星	19
木星	118
土星	46
天王星	44.5
海王星	56.5

图 8.5　已完成的比较电子表格:不同星球上“我”的体重

图 8.6　Excel 中创建的比较图表:不同星球上“我”的体重

	A	B	C	D	E	F	G	H
1		Melbourne, Australia	Miami, FL, USA	BuenosAires, Argentina	Juneau, AK, USA	Quito, Ecuador	Moscow, Russia	
2	Latitude	37° 52' S	25° 47' N	34° 20' S	58° 18' N	0° 14' S	55° 45' N	
3	Aug 2 sunrise	7:19	6:48	7:46	4:51	6:17	5:37	
4	Aug 2 sunset	17:33	20:06	18:14	21:15	18:23	21:34	
5	Aug 4 sunrise	7:17	6:49	7:45	4:55	6:17	5:40	
6	Aug 4 sunset	17:35	20:05	18:16	21:10	18:23	21:30	
7	Aug 11 sunrise	7:09	6:52	7:38	5:11	6:16	5:54	
8	Aug 11 sunset	17:41	20:00	18:21	20:53	18:22	21:14	
9	Aug 18 sunrise	7:00	6:55	7:30	5:26	6:15	6:07	
10	Aug 18 sunset	17:46	19:54	18:26	20:35	18:21	20:58	
11	Aug 30 sunrise	6:44	7:00	7:15	5:52	6:11	6:30	
12	Aug 30 sunset	17:57	19:42	18:34	20:02	18:18	20:28	
13								
14								
15								

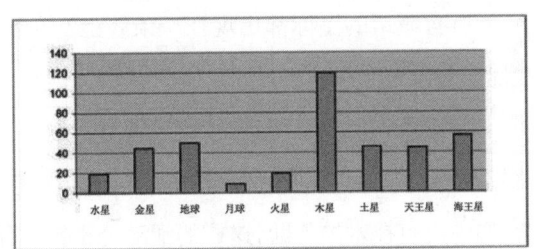

图 8.7　Excel 中创建的比较电子表格:不同城市日出日落时间

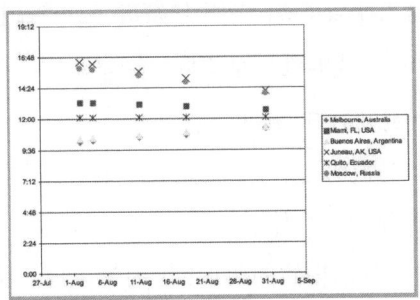

图 8.8　已完成的比较图表:显示 8 月份日长变化的散点图

有了图表，洛肯老师和她的学生就可以将图表作为内容分析工具。以下是她向学生提出的一些问题：

- 预测一下12月份的图表会是什么样子的？
- 为什么基多的日长不随着季节的变化而变化？
- 为什么迈阿密的日长变化不大？
- 代表布宜诺斯艾利斯和墨尔本的图标几乎重叠，可能的原因是什么？
- 是否有一天所有城市的图标都出现在一条线上？如果有，在哪条线上？在哪一天？什么时候它会再次出现？

这个例子展示了技术如何帮助人们分析异同、解释可能的趋势以及预测未来的模式。如果没有技术的帮助，这样的活动会比较难开展。

接下来，我们将介绍小学教师如何在科学课上通过使用数据收集工具测量多种物体的质量和体积来讲授密度的概念，由此将分析异同的教学策略和非言语表征策略结合在一起使用。

韦索洛夫斯基（Wesolowski）老师打算在她5年级的班里讲授"密度是物质特性"的概念，她的目标是让班里每一位学生理解密度指的是单位体积中所含质量的多少，希望学生消除对体积和质量间关系的不当理解。例如，大多数学生认为体积越大的物体就越重，越小就越轻；他们或许还认为所有物质特性都一样或特性完全不同。韦索洛夫斯基老师的目标就是要让学生理解不同物质特性的异同。

韦索洛夫斯基老师决定指导学生完成一组由三个活动组成的密度实验，三个活动中将分别改变物体的体积、质量和密度。学生将使用电子秤而不是传统的天平来测量物体的质量，因为学生要测量的物体质量都不大，电子秤的精度可以使学生捕捉到微小但显著的质量差异。此外，学生还可以用 USB 数据线将电子秤连接到计算机，以便进行多次测量。

韦索洛夫斯基老师给学生一个电子表格模板，当他们将物体的长、宽、高输入模板，模板会将其相乘，得到物体的体积。再用质量除以体积便可得到密度，单位为克/厘米^3（g/cm^3）。在课堂上，韦索洛夫斯基老师首先带领学生完成科学探究的计划过程，包括对实验结果进行一定的预测。之后，她指导学生完成三个实验活动：

1. 学生对一块长方体海绵进行测量，收集体积、质量和密度数据。然后，他们将这块海绵浸泡在融化了的蜡中，并让蜡凝固。之后他们再收集一次海绵体积和质量的数据并计算密度。通过保持体积不变，改变质量，学生可以看到密度和质量之间的关系。

2. 学生用剪刀将长方体海绵进行裁剪，直到电子秤上显示它的质量等于 1 cm^3 标准立方体的质量（这种标准立方体可在科学教育用品供应商那里买到）。裁剪好后，学生再次收集数据，并计算两者的密度。通过保持质量不变，改变体积，学生可以看到密度和体积之间的关系。

3. 到目前为止，学生已经通过数据收集进行计算密度和比较物体等活动，明白了密度分别与质量和体积有相关关系。在第三个实验活动中，他们将之前的两个实验活动结合了起来，使用形状、大小、材质相同的红色和蓝色的乐高积木，搭建了一个纯红色的立方体和一个纯蓝色的立方体，蓝色立方体的体积比红色立方体大。之后，学生收集体积和质量的数据并计算密度。一些学生惊讶地发现两个立方体的密度是一样的，由此他们意识到密度是该材质（塑料）的一个特性。即使质量和体积不同，但质量和体积的比值是一样的。不同颜色的立方体告诉我们，物体可以在很多方面看起来不一样，但它们仍可以拥有一样的密度。

在本次学习活动中，我们可以看到，技术是实现精确比较的关键。此外，技术还让计算更快捷，这样学生可以聚焦密度概念的学习。接下来我们来看一个例子，是通过对所收集的观察数据进行分类，从而帮助人们识别异同。

布鲁尔（Brewer）老师给他 4 年级的学生一个"虫子"分类矩阵图，但他没有告诉学生他们可以填写的类别内容，比如昆虫类动物（如甲壳虫）、蛛形类动物（如蜘蛛）和多足类动物（如蜈蚣）。他打算让学生自己先思考一下不同虫子的特点及相互间的异同，之后，再向他们介绍虫子们所属的类别。

把矩阵图发给学生后，布鲁尔老师又给学生呈现了用塑料包裹的虫子标本，这是他之前在科学教育用品供应商那里找到的材料。利用 ProScope 牌显微镜，他的学生观察放大了的标本，并使用矩阵图对它们进行分类。一开始，学生按照各种特征来归类，比如颜色、大小、眼睛的形状等。之后，在布鲁尔老师的指导下，学生意识到虫子足、触角和身体节段的数量等也是很重要的特征。一些学生还按照翅膀、尖牙或螯角的有无对虫子进行再次分类。如图 8.9 所示，学生使用观察数据（放大的图片）及实际的类别名称，将他们的矩阵图最终调整为三个类别。

类别	标本		
昆虫类 3对足 3个身体节段 有触角	澳大利亚无刺蜂 	地鳖 	果蝇 
蛛形类 4对足 2个身体节段 没有触角	叉脊蛛 	哨鸣蛛 	雨林蝎 
多足类 多对足 多个身体节段 有触角	蜈蚣 	马陆 	蚰蜒 

图 8.9　附带观察数据的"虫子"分类矩阵图

照片拍摄自 Alan Henderson，友情转载自澳大利亚维多利亚博物馆

为了将这个活动与布置家庭作业和提供练习策略结合起来，布鲁尔老师安排学生浏览澳大利亚维多利亚博物馆提供的在线网站www.museum.vic.gov.au/bugs/catcher/index.aspx，充分利用其中呈现的丰富多样的"虫子"资源。这个网站可以让学生通过一个名为"捕虫人"（Bug Catcher）的交互式游戏实现与课堂中相同的探索、分类活动。

数据收集传感器同样也是一个识别异同的有力工具，它的计算机界面可以让学生便捷地创建出可供比较的各种图形表征。这里举的例子是由麦奎尔（McGuire）老师开展的一个实验。在给学生讲解完代数 I 中有关"直线的斜率计算和画图"内容后，他用一个连着电脑的运动传感器帮助学生运用所学知识——连接着运动传感器的计算机画图软件会给学生提供反馈。

该实验要求学生尝试做动作来匹配位置与时间的图形。当他们运动时，计算机会实时生成一条线，这条线要尽量和提供的图形相重叠。经过几次练习，学生就可以识别他们的动作和图形之间的异同点。这个活动告诉学生，他们的动作可以用一种非常真实、有趣的方式图像化地展示出来。

图 8.10 呈现的是麦奎尔老师的一个学生需要如何运动才能和图形相匹配。为了让图形往上走，她需要向传感器方向运动，反之亦然。麦奎尔老师使用了"提出并检验假设"的策略，他让学生练习使用这个运动传感器，然后让他们预测朝特定方向移动后图形会如何变化。

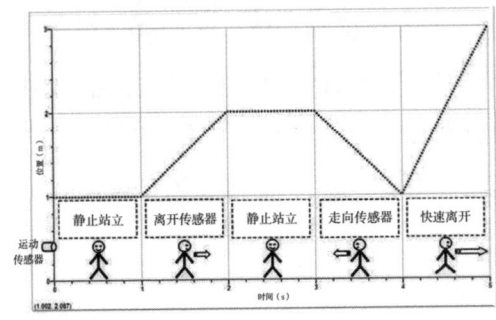

图 8.10　利用 Vernier Logger Pro 和 Word 开展图解运动实验

尼尔森（Nielsen）和韦伯（Webb）在其著作《面向文本世代的教学：利用手机助力学习》(*Teaching Generation Text: Using Cell Phones Enhance Learning*, 2011)中介绍了课堂上利用手机和其他移动设备作为数据收集工具的几个案例。书中有一个部分专门介绍如何利用移动设备实现《有效课堂教学》一书中提到的策略。例如，在某堂课上，学生利用一个录音App创建一个音频文件，比较他们阅读过的两本小说的文学特征。在另外一个例子中，学生使用一个投票工具来对奥林匹克运动项目进行分类，比如要求力量的项目或要求有精准度的项目。尼尔森和韦伯利用手机帮助学生开展比较和分类活动的想法非常令人兴奋，因为这使得师生能够利用身边相对廉价和泛在的技术来开展高阶思维训练。

一些在线工具也可以让数据的比较和分类变得十分容易。例如，学生可以利用 www.worldmapper.org 或 www.gapminder.org 比较世界格局，或利用 www.schools.com/tools/career_outlook 比较教育水平或职业情况。

InspireData 也是一个收集和分析数据的好工具，教师和学生可以使用其中的交互式图表分析和显示数据，以此来对数据进行比较和分类。InspireData 的一些功能可以让学生通过改变变量和图表类型来进行比较和创建分类，这样做可以激励学生更多地用分析的眼光去看待调查数据，去问更多的问题，去运用他们的理解得出更好的结论，并深入思考图表的含义。除了 InspireData 自带的 100 多个特定主题的数据库，学生和教师还可以从其他渠道收集和录入数据，包括用户创建的电子问卷调查。图 8.11 显示的是利用该软件生成的不同类型的图形。

第八章
识别异同

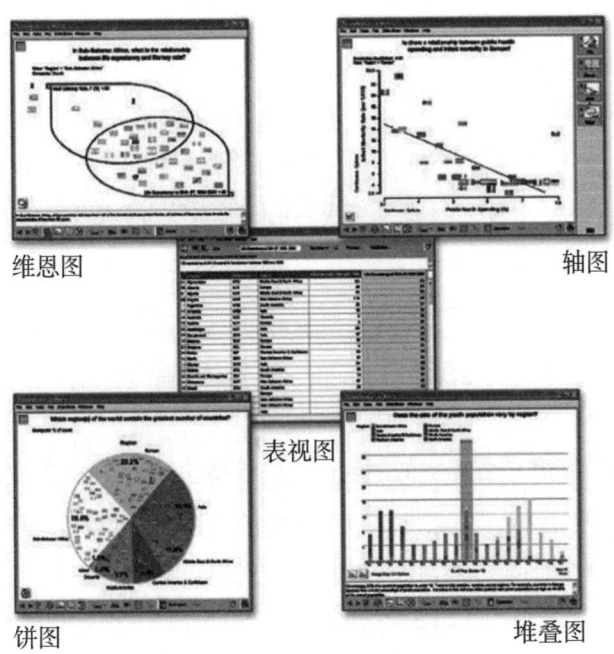

图 8.11 InspireData 图形样例

▶ 组织和头脑风暴软件

Kidspiration（适用于学龄前至 5 年级）和 Inspiration（适用于中高段学生）可帮助教师为学生的学习搭建脚手架。首先，教师要确保学生对图形组织者模型或模版的使用感到轻松（无论是以个人、两两结队还是小组合作的形式）。之后，教师可以训练学生创建他们自己的图形组织者。

帮助学生比较两个或更多事物的一种最简单但最有效的方式是用 Inspiration "思维技能"文件夹和 Kidspiration "更多活动"文件夹中自带的"维恩图"模板。例如，克雷格（Craig），一位 3 年级教师，利用该模板让学生列出美国和英国食物的异同点（图 8.12）。

205

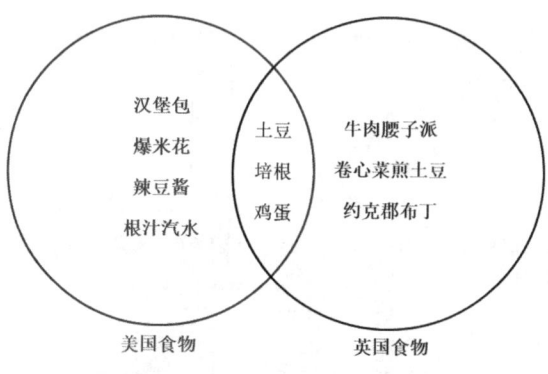

图 8.12　用 Inspiration 创建的维恩图

和"维恩图"模板相类似的另一个模板是 Inspiration "思维技能"文件夹中的"比较"模板。"语言艺术"文件夹中的"图书比较"模板同样也很有用,它可以让学生对两本书在作者生平和写作风格,图书主题、基调、情绪和主旨等方面的异同点进行比较和可视化呈现。图 8.13 展示了某个高中班学生利用"比较"模板将史诗《贝奥武甫》和约翰·加德纳(John Gardner)的小说《格伦德尔》(*Grendel*)进行比较的结果。

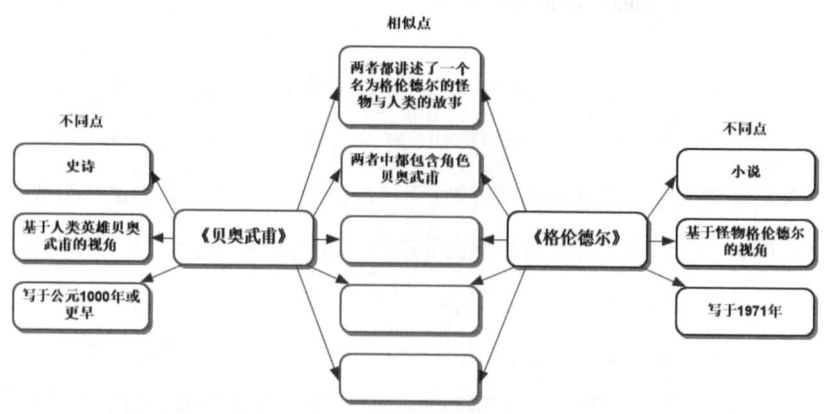

图 8.13　用 Inspiration 中的"比较"模板生成的文字化比较说明

书写能力比较有限的低年级学习者或那些喜欢用非言语表征记东西的学生也可以从组织和头脑风暴软件中受益。Kidspiration 和 Inspiration 软件中有上百个图形和符号可供使用，如果符号库中没有想要的图形，学生可以用 Kidspiration 中的符号制作工具、来自网络的图片或拍摄的照片来创建一个自定义符号库。所有年龄段的学生都可以用声音记录他们对异同点的观点或想法。图 8.14 显示的是一位 2 年级学生用 Kidspiration 中"更多活动"文件夹里面的"比较"模板创建的比较图形。

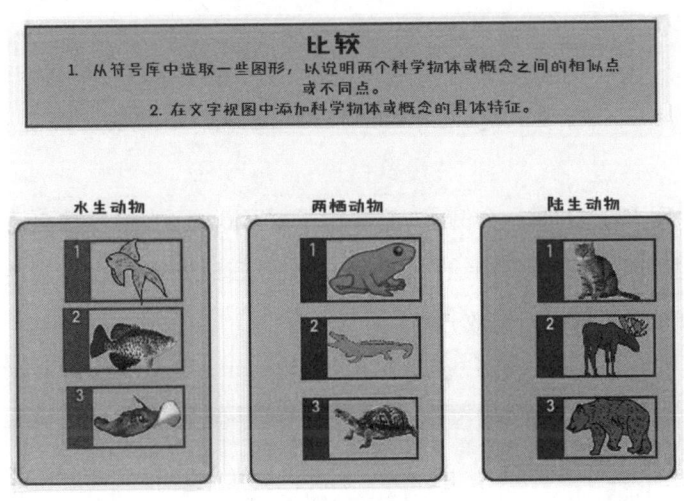

图 8.14　用 Kidspiration 中的"比较"模板创建的样例

组织和头脑风暴软件既适合比较，也适合分类。图 8.15 显示的是利用 Kidspiration "科学"文件夹里的"动物分类"模板制作的一个例子。学生可以搜索合适的动物图形添加到每一个类别中去，教师可以鼓励学生利用 Kidspiration 软件中的文字视图功能来对这些动物的异同点开展头脑风暴，从而拓展此项活动。学生找到的异同点越多，对这些动物的了解就越深入。

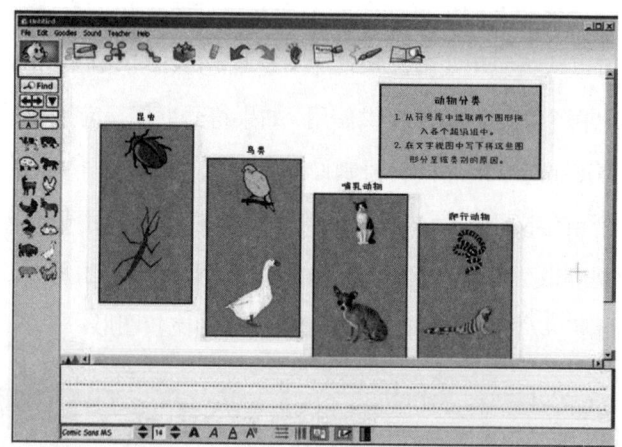

图 8.15 Kidspiration 中的"动物分类"模板

图 8.16 是最后一个例子,它显示了对 Kidspiration 软件更高级的应用。这个例子使用了"社会"文件夹里的"往日时光"模板,能对历史背景下的事物和事件进行有效分类。

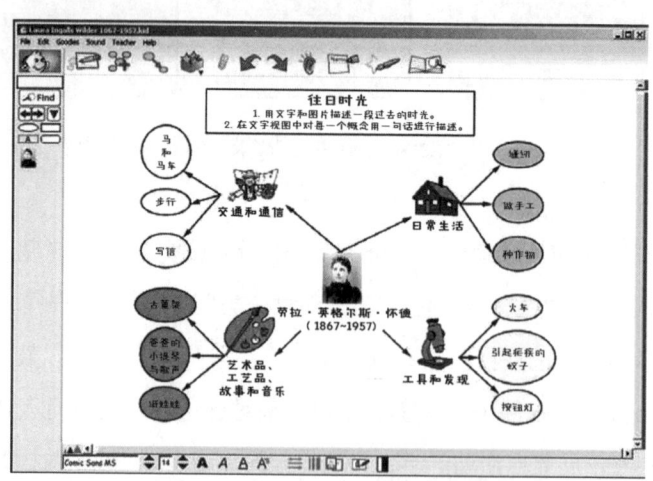

图 8.16 用 Kidspiration 中的"往日时光"模板创建的样例

▶ 数据库和参考资源

泰勒（Taylor）是一名高二学生，已经开始思考所要就读的大学。在完成了 PSAT 考试后，她收集了超过 40 所高等院校的招生宣传资料。最终她将自己的选择锁定在美国斯坦福大学、东北大学和堪萨斯大学这三所院校中，并想用一种便捷、直观的方式对这三所院校进行比较。她的辅导员建议她使用网站 www.wolframalpha.com。泰勒登录了该网站，在搜索窗口键入"斯坦福大学、东北大学和堪萨斯大学"。几秒钟后，她看见有关这三所学校的信息，包括每年的学费、校园大小、州内学生与州外学生数量等，被并列放置在同一页面上进行比较，如图 8.17 所示。

	Stanford University	Northeastern University	University of Kansas
one to two years		1	
associate's		62	
two to four years		1	
bachelor's	1778	3312	4411
postbaccalaureate certificate		38	
master's	2004	1759	1481
post-master's certificate	8	27	10
doctorate	661	235	263
first professional degree	259	333	503

图 8.17 用 WolframAlpha 对三所院校进行比较

来源：http://www.wolframalpha.com/input/?i=Stanford+University+and+Northeastern+University+and+University+of+Kansas

第八章 识别异同

从比较页面中泰勒发现，堪萨斯大学和斯坦福大学同属于"主要研究型大学"，而东北大学则只是"研究型大学"。她还发现这三所院校中，堪萨斯大学的学生人数最多，斯坦福大学的学生人数最少。东北大学拥有数量最多的半工半读生，这让泰勒觉得校园生活的质量可能会受到影响——对第一次离家的人而言这一点还是很值得考虑的。此外，数据还呈现了一些学校宣传资料中不容易发现的信息——相比较斯坦福大学，堪萨斯大学授予更多的学士学位、较少的硕士学位，以及明显更少的博士学位。这些数据表明，她或许应该考虑到堪萨斯大学攻读学士学位，之后可以考虑到斯坦福大学接受研究生教育。

第九章
提出并检验假设

虽然我们最常想到的是在科学概念的学习情境中使用"提出并检验假设"这一策略,但它也适用于其他学科内容的学习。当学生提出并检验假设时,是在参与复杂的思维过程,运用事实和词汇等学科知识,提高自身对所学内容的整体理解。

和教师课堂讲解以及教师主导的按部就班的课程学习等"传统"教学活动相比,提出并检验假设是更有效的教学活动。徐(Hsu,2008)、里维特和克莱契克(Rivet & Krajcik,2004),以及塔尔汗和阿卡尔(Tarhan & Acar,2007)的研究都发现,通过提出并检验假设来解决问题的学生对所学概念有着更清晰的理解。例如,在塔尔汗和阿卡尔的研究中,学生在化学课上通过教师讲授法形成了对分子间作用力错误的理解,而通过问题解决法学习的学生不存在这样的错误理解。

我们给课堂实践提两条建议:

建 议

- 让学生参与到多样化的、结构化的任务中,尝试提出并检验假设。
- 让学生解释其假设或预测以及结论。

教师可以通过四个环节来帮助学生提出并检验假设,它们分别是:

(1)系统分析;(2)问题解决;(3)实验探究;(4)调查研究。[1] 表 9.1 描述了每个环节的核心特征。为了最大限度地促进学生的学习,教师应将基于这些环节的任务式学习与学生的先前知识、经验和兴趣紧密结合起来(Schroeder, Scott, Tolson, Huang, & Lee, 2007)。

为了确保学生顺利完成每个环节的相关任务,教师应首先为学生提供该环节的模型,并使用熟悉的内容来教导学生环节中的相关步骤。图形组织者和教师指导可以帮助学生顺利完成这类需要高阶思维的任务。

技术在提出并检验假设活动中发挥着重要作用,数据收集传感器和交互式应用程序的新发展可以让学生花更多的时间来解释数据,而不是收集数据——收集数据的过程费时、乏味,还容易出错。在本章中,我们将介绍以下技术如何很好地促进课堂教学中提出并检验假设活动的开展:组织和头脑风暴软件、数据收集和分析工具以及教学交互。

▶ 组织和头脑风暴软件

由于提出并检验假设是高水平的认知任务,学生在一开始往往需要一些脚手架来帮助他们顺利达到高水平理解能力,而图形组织者是一个不错的脚手架工具。

Kidspiration 和 Inspiration 这两款软件中包含许多模板,包括"主要来源探究""实验""实验室报告""创新的影响""根源分析"等,它们可以帮助学习者组织任何学科内容中的高阶认知任务。图 9.1 展示了一个高一学生用"根源分析"模板完成的例子,大家注意她是如何列举原因、可能

---

[1] 另外两个环节——决策和创见,包含在本书的第一版中。在本版中,我们将决策和创见整合在问题解决环节之中。例如,当学生完成问题解决环节的相关步骤时,他们必须决定哪个解决方案是最好的。创见需要决定解决方案以满足特定需要或改善需要。找到解决方案(决策)达到创见的标准,这类似于问题解决的过程。

表 9.1　结构化的"提出并检验假设"任务的特征

环节	定义/问题	环节中的步骤
系统分析	描述系统中各部分如何协同工作的环节 各部分如何与系统整体交互？如果改变其中的一部分，会发生什么变化？	1. 解释系统的目的、系统的构成部分以及每部分的功能 2. 描述系统各个部分如何影响彼此 3. 针对系统的某一部分描述一种变化，然后预测这部分的改变会给系统带来什么变化 4. 可能的话，通过真实改变该部分或模拟改变该部分来检验假设
问题解决	克服或解决目标达成过程中障碍的环节 制约或限制因素有哪些？这些因素是结构化的还是非结构化的？	1. 确立需要完成的目标 2. 描述阻碍目标达成的障碍或限制 3. 确立克服障碍或限制的不同解决方案，并预测哪个解决方案可行 4. 在真实情境或模拟情境中尝试解决方案 5. 解释假设是否正确。决定是否检验其他解决方案。在某些案例中，这其中或许能产生一项发明
实验探究	针对所观察的现象提出并检验解释的过程 观察到了什么？ 如何解释"我"所观察到的现象？	1. 找到感兴趣的点进行观察，描述观察所得 2. 将特定的理论或规则应用到所观察的现象中 3. 基于你的解释，对理论或原则应用在所观察现象中或应用在和所观察现象相关的场景中会出现的结果提出假设 4. 开展实验或置身某项活动以检验假设结果 5. 对实验或活动的结果进行解释。确定假设是否准确，是否需要开展更多的研究，是否需要提出并检验其他的假设
调查研究	为消除对某观点或事件的困惑而提出建议或辩护的过程 某事件或观点的对立观点是什么？ 需要收集什么数据可以证实或证伪某观点？	1. 清晰界定情境（例如：需要界定的概念、需要解释的历史事件、需要界定或解释的未来事件预测） 2. 明确哪些是已知的或达成一致的 3. 基于你对情境的理解，提供假设性情境分析 4. 寻找和分析相关证据以证明假设性情境分析是否成立

的解决方案以及解决方案可能存在的问题的。该模板帮助她整理了思路，让她考虑到一些容易忽略的要素。这是一个有关问题解决环节的例子。

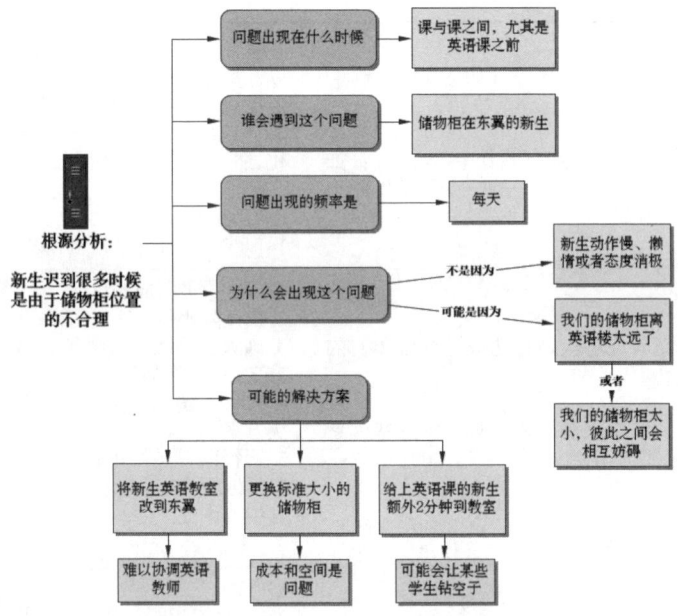

图 9.1　Inspiration 中的"根源分析"模板

数据收集和分析工具

科学课上经常会使用电子表格来提出并检验假设，其基本的做法是：学生进行合理的预测，之后收集数据，分析数据的模式，修改原来的假设或形成新的假设。那么，其他学科会如何利用电子表格呢？

做一张教育用电子表格会比较费时，也需要懂一定的技术知识。虽然创建电子表格是一项学生值得学会的技能，但学科教师通常不愿将宝贵的课堂时间花在教学生如何创建电子表格上，他们希望直接用电子表格帮助学生学习学科内容。接下来我们来看一个教师创建交互式电子表格以帮

第九章
提出并检验假设

助学生学习的例子。这里说电子表格具有交互性,是因为学生能够操纵它,用它建立图形模式,并基于多情境中的即时反馈检验预测的内容。

为了帮助学生达到本学区社会课程中的经济学目标,奥玛尔(Omar)老师为5年级学生设置了理解储蓄、投资和利率等概念的学习目标。她的教学目标不是教学生有关数学或绘图的技能,这些只是她学科教学中附带的学习结果之一。她希望学生能明白,随着时间的推移,复利和储蓄能带来丰厚的盈利。之后,她会让学生运用所学的新知识来理解为什么储蓄和投资可以影响一个国家的经济。

设立了教学目标之后,奥玛尔老师在Excel中创建了一个可以给学生显示储蓄和投资选择后果的交互式电子表格。她给学生创设了一个场景,告诉学生他们将从一位失散多年的亲戚那里获赠10000美元的遗产。她让学生分小组讨论会怎么用这笔钱,并对三个投资计划进行解释:

1. 立马花掉其中的9000美元,将剩余的1000美元存入一个典型的储藏账户,年利率为4%。之后的29年里每年存1000美元到该账户,预测这30年里总共投资的30000美元会获得多少收益。

2. 将10000美元全部投资到标准普尔500共同基金指数显示的一个"安全"基金中,平均年收益率为8%。这笔钱不做其他投资,30年内也不能将钱取出。预测这笔10000美元的一次性投资30年后会获得多少收益。

3. 将这笔遗产投资到不确定性更大的道琼斯工业平均指数股票组合里,根据历史经验,该指数的平均年收益率约为12%。预测这笔10000美元的一次性投资30年后会获得多少收益。

当学生看了这三个计划后,奥玛尔老师给每个小组派发了一台笔记本电脑。她要求学生在学校的网络驱动器上找到班级文件夹,并打开她创建并保存好的电子表格。当学生打开电子表格后,他们会看到如图 9.2 所示的模板。

我如何处理我获得的 $10,000 遗产?						
	计划A	计划B	计划C	计划A	计划B	计划C
年份	花掉$9,000并每年存$1,000,存30年(共计$30,000),利息4%	将$10,000一次性投资到标准普尔500指数,年收益率为8%	将$10,000一次性投资到道琼斯工业平均指数,年收益率为12%	投资总投入($30,000)	投资总投入($10,000)	投资总投入($10,000)
0	$0	$0	$0			
1	$0	$0	$0			
2	$0	$0	$0			
3	$0	$0	$0			
4	$0	$0	$0			
5	$0	$0	$0			
↓	↓	↓	↓			
26	$0	$0	$0			
27	$0	$0	$0			
28	$0	$0	$0			
29	$0	$0	$0			
30	$0	$0	$0			
			投资总收益=	$0	$0	$0
			预测收益(总收入-总投入)=	$0	$0	$0

图 9.2 用 Excel 创建的交互式储蓄与投资电子表格

在学生开始操纵数据之前,奥玛尔老师给他们简单介绍了投资风险问题,并提示他们不论偏好哪个计划,都须在小组内讨论这三个计划,并将他们对三个计划收益的预测填入表中。之后,她让每个学生选择一个计划,并快速观察了一下班级学生对投资计划的偏好,为后续的比较提供依据。接着,她让学生在年份为 0 的这一行里填上数字,他们可以在计划 A、B、C 中填写设定好的 1000 美元、10000 美元和 10000 美元,或他们可以填写自己觉得合适的金额。因为电子表格具有交互性,填写的任何一个金额都会产生一个结果,学生可以将它与预测的结果进行比较。学生仅需要将金额填入第一行,电子表格的交互公式会完成后续计算,并将数据呈现在表中,如图 9.3 和图 9.4 所示。

第九章
提出并检验假设

我如何处理我获得的 $10,000 遗产？						
	计划A	计划B	计划C	计划A	计划B	计划C
年份	花掉 $9,000 并每年存 $1,000，存30年（共计 $30,000），利息4%	将 $10,000 一次性投资到标准普尔500指数，年收益率为8%	将 $10,000 一次性投资到道琼斯工业平均指数，年收益率为12%	投资总投入（$30,000）	投资总投入（$10,000）	投资总投入（$10,000）
0	$1,000	$10,000	$10,000			
1	$2,040	$10,800	$11,200			
2	$3,122	$11,664	$12,544			
3	$4,246	$12,597	$14,049			
4	$5,416	$13,605	$15,735			
5	$6,633	$14,693	$17,623			
6	$7,898	$15,869	$19,738			
7	$9,214	$17,138	$22,107			
8	$10,583	$18,509	$24,760			
9	$12,006	$19,990	$27,731			
10	$13,486	$21,589	$31,058			
11	$15,026	$23,316	$34,785			
12	$16,627	$25,182	$38,960			
13	$18,292	$27,196	$43,635			
14	$20,024	$29,372	$48,871			
15	$21,825	$31,722	$54,736			
16	$23,698	$34,259	$61,304			
17	$25,645	$37,000	$68,660			
18	$27,671	$39,960	$76,900			
19	$29,778	$43,157	$86,128			
20	$31,969	$46,610	$96,463			
21	$34,248	$50,338	$108,038			
22	$36,618	$54,365	$121,003			
23	$39,083	$58,715	$135,523			
24	$41,646	$63,412	$151,786			
25	$44,312	$68,485	$170,001			
26	$47,084	$73,964	$190,401			
27	$49,968	$79,881	$213,249			
28	$52,966	$86,271	$238,839			
29	$56,085	$93,173	$267,499			
30	$59,328	$100,627	$299,599			
			投资总收益 =	$29,328	$90,627	$289,599
			预测收益（总收入-总投入）=	$13,000	$8,000	$12,000

图 9.3　交互式储蓄与投资电子表格：预测示例

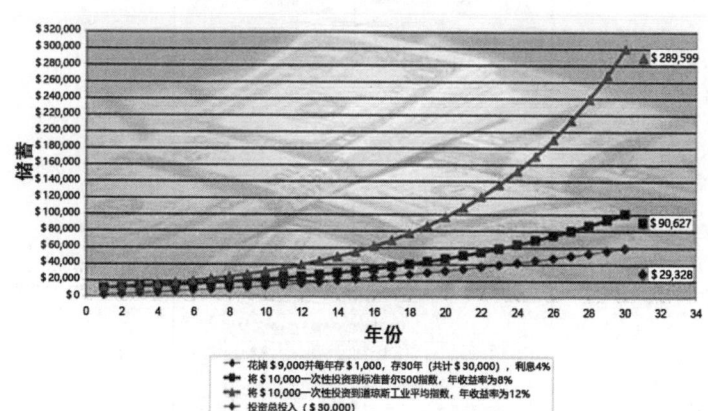

图 9.4　交互式储蓄与投资图：预测示例

217

利用教师创建好的交互式电子表格,学生可以方便地对预测值和实际值进行比较,而无须花费过多时间进行计算和表格设计。他们可以键入不同的金额,然后快速地查看结果,这有助于学生理解指数增长等模式。数学老师或许也可以利用同样的内容来教学生学习复利计算和指数模式。无论是哪种情况,教师都在通过技术的使用将课堂教学时间最大化利用,以促进教学目标的达成。这个电子表格活动让学生有机会对与投资相关的基础知识有更为深入的理解,并训练他们使用批判性思维技能预测结果。学生可以在很短的时间内提出并检验假设,并获得一些可以为未来经济判断所用的宝贵经验。

奥玛尔老师是如何创建交互式电子表格的?她也需要提出并检验假设,由此观察哪种设想最为合理。之后,如图 9.5 所示,她将相应的计算公式填写到单元格对应的公式编辑栏中,电子表格会计算不同计划下的利率及总收益。

图 9.5　交互式储蓄与投资电子表格阶段 1:复利的单元格公式

第九章
提出并检验假设

她不需要为 5—36 行的每一个单元格都编好计算公式，只要编好第 5 行单元格（B5，C5 和 D5）的公式，然后将鼠标放置在这些单元格右下角并拖拽至第 34 行即可（如图 9.6 所示）。用这种方式可以使复制得到的公式引用正确的单元格。

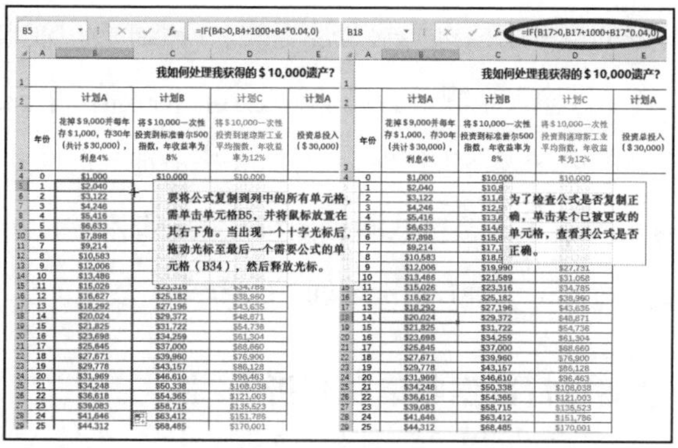

图 9.6　交互式储蓄与投资电子表格阶段 2：复利的单元格公式复制

接下来，她键入公式[例如：f_x=IF（B34>0，B34-30000，"$0"）]来计算投资的总收益是多少，通过将代表总收入金额的第 34 行减去总投入的金额（30000 美元或 10000 美元）来得出三个计划的总收益（见图 9.7）。

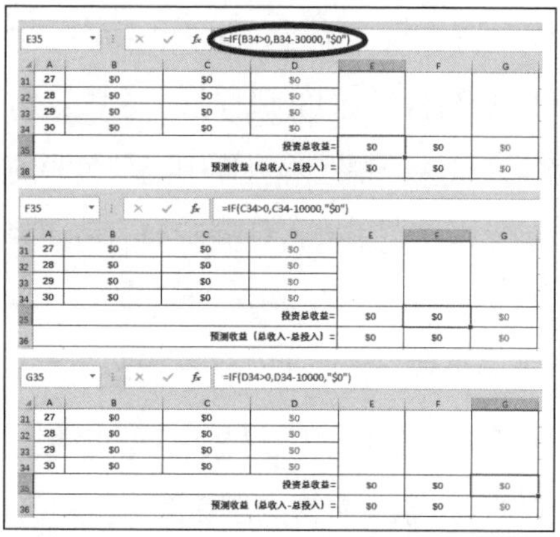

图 9.7　交互式储蓄与投资电子表格阶段 3：总收益的单元格公式

最后，她输入一些数值并创建了一个折线图。然后，她选中指定的列，选择**编辑 > 清除 > 清除内容**，再通过选择**文件 > 另存为 > 保存类型 >Excel 模板(*.xlt) > 保存**将它保存为模板。由于模板只能以新文件名被另存为新文件，因此奥玛尔老师可以放心让学生使用该模板，而不必担心学生对设计好的电子表格进行永久性更改。Excel 会记住电子表格的设计，当学生在第 4 行输入金额后会自动产生其他的数值和图表。奥玛尔老师让学生将各自的电子表格进行保存，并给表格添加自己喜欢的颜色。（如需了解更多有关设置单元格格式和创建模板的详细信息，可以查看网站 http://office.microsoft.com，点击**培训 >Excel**。）

使用传感器进行数据收集和分析

数据收集的结果通常可以回答一些问题，不过也会产生一些新问题。一般而言，学生研究一个问题，形成一个假设，收集数据去证实、证伪或修改他们最后的假设。这个探究圈可以反复循环很多次。利用数据收集工具可以让学生看到更全面的景象并发现一些模式。如第五章所述，数字传感器和显微镜可以帮助分析、综合和解决问题。总的来说，科学教师最有可能利用传感器和数码显微镜。不过，那些拥有丰富资源的其他学科的教师，也可以将这些工具整合在他们的课程教学之中。例如，学艺术的学生可以使用光强传感器来检验一幅艺术巨作中光与色彩的相互作用；学历史的学生可以利用数码显微镜记录考古挖掘所得的精细图像资料，由此深入了解某一种古代文明。

接下来我们将进一步解释说明为什么数据收集工具有助于加强学习。施瓦兹（Schwartz）老师所任教的中学科学班里有学生听到了所在社区有酸雨的流言，这是真的吗？学生希望知道答案。他们决定开展一个有关酸雨的实验探究活动，将其作为化学反应和气象学研究的一部分。他们发现

"酸雨"就是酸的雨、雪、雾和露水。蒸馏水的 pH 值为 7，是中性的；pH 值小于 7 的液体是酸性的；pH 值大于 7 的液体是碱性的；"干净的"或未被污染的雨水 pH 值为 5.6，略呈酸性，这是空气中的二氧化碳和水发生反应，形成碳酸，再和空气中的水分相结合的结果。基于这些事实，学生决定检验一下自己社区的雨水是否比正常情况下的雨水酸性更强一些，并思考这对他们周边的环境意味着什么。

施瓦兹老师指导学生制订了一个计划，主要是利用 USB 连接的数字传感器收集社区中各水源的 pH 值，并将它们和正常雨水的 pH 值 5.6 相比较。在学生开始收集数据之前，他们对各种水源的 pH 值进行了预测，表 9.2 展示的是他们的预测值。

表 9.2　数字传感器活动：水源的 pH 值预测

水源	预测的 pH 值
雨水	5.0
池塘	5.0
小河	6.0
溪流	5.0
水龙头	7.0

用数字 pH 传感器从不同样本中收集完数据后，学生马上能在 iPad 上利用 Keynote 创建如图 9.8 所示的比较图。当他们将这些数据和之前自己预测的数据进行对比时，学生惊讶地发现自己社区的雨水比他们预测的酸性要强很多。学生对不同水源 pH 值之间的差异表示困惑，例如，为什么池塘的水比小河的水酸性要强？这对水体中的生物意味着什么？数据收集工具可以帮助施瓦兹老师班上的学生便捷而准确地收集数据并将它图形化，给他们留更多的时间进行分析和综合推理活动。学生的发现引导他们做进一步的假设和探究。

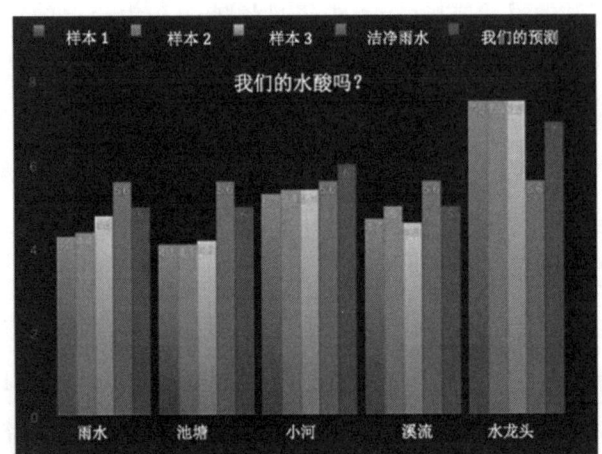

图 9.8 用 iPad 中的 Keynote 创建的水源 pH 值比较图

数据收集工具并不局限于传感器,互联网也是巨大的数据收集工具。为了在更大范围内进行探究,施瓦兹老师课上的学生可以通过合作项目网站(如 www.globalschoolnet.org 或 http://collaboratory.nunet.net)来在线共享和比较他们的数据。共享数据并和来自其他地域的数据进行比较,可以为学生提出和检验本国或世界其他地区适用的假设提供充足的信息。

▶ 教学交互

模拟和游戏可以让学生运用先前掌握的知识进行预测,得到即时反馈,并查看假设检验的结果。假设检验的结果多半是在虚拟情境中呈现的,因为在现实生活中这些假设无法被检验,或者需要高昂的成本才能被检验[一个很好的例子是 Realityworks 网站(www.realityworks.com),该网站为很多教学上有挑战的学科,比如职业技术教育、健康、家庭经济学、商业学等提供体验式学习机会]。模拟软件还可提供非常棒的沉浸式学习环

第九章
提出并检验假设

境,从而提升学习者的学习动机和知识留存率。

举一个例子。威廉·希斯(William Hiser)是一所高中教商业学的教师,他希望他的学生使用提出并检验假设的策略,具体做法是:学生提出有依据的财务预测,并在有意义的商业体验中检验这些预测。他打算采用Realityworks网站(www.realityworks.com/businesssimulations/index.asp)上提供的"真实职业中的商业金融模拟"软件指导学生进行学习。

由图9.9可知,Realityworks提供的模拟数据可以帮助学生对所模拟物品的特性做出合理的假设。学生根据市场的平均水平选择不同质量等级的物品,交易的原则是高质量需要高成本。学生利用该模拟软件来管理一家虚拟的、业绩不佳的中等规模制造企业。模拟活动帮助学生更好地理解一些核心的金融概念。基于两年的历史销售数据,学生需要为未来三年的模拟销售设定业绩目标。之后,学生利用月度业绩预测报告检验其预测的准确性。

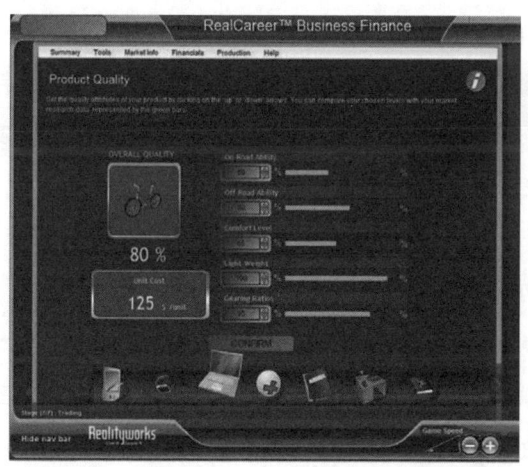

图9.9 Realityworks商业财务模拟软件的数据截图

以下推荐的资源包括基于网络的模拟、一些软件以及iOS应用程序。

◪ Smog City

www.smogcity.com

该资源可以让学生更好地进行系统分析，通过设置天气、人口和气体排放量等参数，观察它们对臭氧水平的影响。

◪ PBS Building Big

www.pbs.org/wgbh/buildingbig

该资源有助于学生了解桥梁、圆顶、摩天大楼、水坝、隧道等内容。在每项活动中，学生需要运用所学知识解决一个虚构城市的城市规划问题，即为所提供的情境选择最合适的建筑结构。

◪ Plimoth Plantation's You Are the Historian

www.plimoth.org/learn/thanksgiving-interactive-you-are-historian

这个深度历史探究活动可以帮助学生通过一手资料的学习来区分有关第一个感恩节的事实和传说。为了了解当年一些事情是否真实发生过，学生需要很好地探究 1621 年的一些资料。

◪ PrimaryAccess

www.primaryaccess.org

该网站可以让人们用一款简单的电影制作软件将文本、音频和图像整合成精彩的个人故事或数字故事。人们可以从美国国会图书馆等网站上选择数字图像，上传自己的图像或音频，在线录制音频，将制作成的视频保存为特定网址，检索视频进行编辑，以及与他人分享视频等。

第九章
提出并检验假设

◢ Practicing with the Catapult

www.lcse.umn.edu/specs/labs/catapult/practice.html

这款实验探究游戏可以让学生模拟调节弹弓高度、弹丸速度、发射角度等变量。学生必须要预测这些变量如何影响弹弓击中建筑物中某目标的能力。

◢ Zoo Matchmaker

www.mnzoo.com/education/games/matchmaker/index.html

该资源来自明尼苏达动物园，可以帮助学生学习动物看守员需要掌握的决策行为，以便在控制疾病的同时保持基因库多样性。

◢ Windward!

http://broadband.ciconline.org/windward/default.aspx

这款游戏帮助学生学习世界海洋的气候和气流模式，然后让学生利用所学知识来驾驶一艘轮船环游世界。

◢ Hurricane Strike!

http://meted.ucar.edu/hurrican/strike/index.htm

这个来自科罗拉多州博尔德市美国大学大气研究联合会的模拟资源，可以帮助学生学习有关飓风的教学内容，帮助他们在飓风来临时利用所学来做决策。

◢ ExploreLearning

www.explorelearning.com

使用被称为 Gizmos 的交互式教具，学生可以针对很多主题提出并检验假设，如老鼠的基因组成、化学方程式的配平、分数的比较和排序、人口规模的估计等。

225

以下列举的 iPad 应用程序同样支持提出和检验假设的策略，它们都可以在 Apple App Store 里被找到。

⮞ Isaac Newton's Gravity HD

该款游戏将艾萨克·牛顿爵士的虚拟形象作为主持人，是一款有着大量关卡的物理益智游戏。玩家需要利用各种物体来保持一个自由落体小球的运动趋势。

⮞ 愤怒的小鸟

作为最受欢迎的 iPad 应用程序之一，该款游戏为学生（及教师）提供了一种好玩和有趣的学习物理学原理的方式。

⮞ 星图

这款应用程序可以成为天文老师必备的工具。利用 GPS 技术，该应用可以实时计算出地球上可见恒星和行星的具体位置，并精确地显示其位置——即使是在大白天也可以。（该应用在 Android 系统中同样可以用）

⮞ Tiny Tower

这款像素风的游戏允许学生为一座微型摩天塔搭建楼层，以此吸引居民入住。之后，学生可以对居民进行管理、雇佣、驱逐等操作。

结语：统筹协调

在最后的结语中，我们将总结在技术丰富环境中进行创造和教学的若干要点。第一节"课堂教学"为教师将技术融入教学提供一些资源和建议；第二节"学校领导力"为学校和学区领导提供资源。

▶ 课堂教学

教育工作者过往的经验告诉人们，为了技术而使用技术会导致教学时间和经费的浪费，这样做通常也不会提高学生的学业表现。首先，教师需要设计高质量的课程计划，这一点非常重要，之后再考虑选择合适的技术来支持课程教学。好的教学开始于确定合适的学习目标，然后再确定利用哪些策略来教授知识和技能，最后确定学生如何展示他们的学习所得。

教学技术是促进学习的有力工具，但教学技术的使用不应成为课程计划的目标。相反，它只是完成课程计划的一个工具。在规划课程时，我们首先需要考虑的是课程目标的制订，其次再确定与课程目标相关的技术标准和指标。美国的某些学区有一些特定的技术标准，但大部分学区使用的是美国国际教育技术协会（ISTE）发布的《面向学生的美国国家教育技术标准》（NETS-S），该标准的完整文档可以在 www.iste.org/standards 上找到。该网站还包含有《面向教师的美国国家教育技术标准》和《面向管理者的美国国家教育技术标准》。

规划课程时另外一个关键步骤是确定学生如何展现其学习所得。例如，如果课程的目标是让学生就某个主题的内容进行演示，教育工作者就需要考虑演示需要用到什么样的量规：这是一个合作项目还是个人项目？演示的形式是演讲还是学生创作的视频？是否有一些在线资源可以帮助学生达到学习目标？对这些问题的回答会影响课程的内容选择并提示哪些技术可以支持课程活动。在学生展示他们所学的过程中，技术能够而且应该增强学生展示的丰富性和多样性。

评估学生的技术素养

美国《不让一个孩子掉队法案》（No Child Left Behind Act）要求美国各州提供 8 年级学生技术素养的相关信息。然而，评估技术素养不只是进行简单的标准化测试，学生可以通过多种方式证明他们具有技术素养。我们建议学校和学区基于最新版本的《面向学生的美国国家教育技术标准》开发一种组合的方法来评估学生的技术素养水平。这些标准非常强调基于项目的学习以及技术与主流学科内容的整合。通过精心的协调，教育工作者可以建立技术素养量规，它可用于学年期间的评估，或者用于学年末的评估。这些量规可以用来收集有关学生、年级、学校等层面的技术素养信息。

▶ 学校领导力

在为学校规划技术方面，学校领导面临着预算和人员方面的严峻挑战。实施大规模的技术应用项目需要精心思考和设计。理想情况下，学校或学区可以在技术项目实施前开展需求评估或技术审计，这样的活动通常会发现有关课堂教学的一些惊人信息。

举一个例子。几年前,某学区领导打算在接下来的一年里实施"一人一台笔记本电脑"项目。领导的想法是先从高中开始,之后普及到初中和小学。在此之前,学区领导需要知道当前学校课堂中技术使用水平及教学情况。

审计结果让他们感到惊讶。在高中和小学低段,教学方式非常传统。学生花大部分时间在接受集体授课,之后是学生的个人练习。课堂上用得最多的策略是提示和提问、练习和提供反馈。学习成果的展示主要依靠教师主导的提问活动和学习单。

小学高段和初中的情形就很不一样:学生经常开展结对或小组活动,教师在课堂教学中采用多样化的教学策略,学生的学习成果经常是强调个性发挥的创造性和合作性项目。

审计的结果发现,如果在高中开展"一人一台笔记本电脑"项目,可能会导致昂贵的技术被用于日常烦琐工作,比如上网搜索信息、文字处理和记笔记。如果在小学高段和初中开展该项目,技术的潜力可能会被挖掘得更充分些,可被用于互动交流、合作和创作等目的。基于这样的信息,学区领导决定在初中首先开始该项目的尝试;同时,他们决定给其他年级段的教育工作者提供专业发展指导,主题是基于项目的21世纪学习环境创设。在学区领导的精心安排下,该学区能够为不同的教师提供合适的专业发展机会,避免费时、费钱且令人沮丧的错误的发生。

虽然技术审计具有让客观的第三方机构收集数据的优势,但很多学校习惯于开展随堂听课、走访调查等活动来收集相关数据。这些学校发现,教师喜欢通过这种快捷的方式来了解他们采用了哪些教学策略、学生是如何分组的、使用了哪些技术,以及如何评估学生学习所得。当教师使用了恰当的技术后,这几方面都会得到改善,学生的学习体验也会因此变得更加生动、有趣。

规划大型项目时的 12 个优先事项

在为世界各地学校实施"一人一台笔记本电脑"项目提供指导的过程中,我们发现,精心的规划是该项目成功的关键。这里我们总结了学校实施类似项目时的 12 个优先事项。

1. 确保使用合适的资源来帮助你制订计划,例如缅因州针对"一人一台笔记本电脑"项目总结的经验教训(http://mashable.com/2011/01/04/classroom-technology-education)或美国国家科学基金会资助的关于亨利科县公立学校"一人一台笔记本电脑"项目的研究(http://ubiqcomputing.org/FinalReport.pdf)。

2. 决定是让学校购买所有电脑,还是采用学校购买部分电脑、部分学生自带电脑的混合模式。虽然允许学生自带电脑到学校会节约成本,但这也要求学校的技术服务部门有能力为多样化的设备提供技术支持和服务。

3. 决定全校上下统一使用的云计算服务和软件工具,这可以让教师专注在课程内容教学上而不是软件应用选择上。学校可以寻找一些免费的高质量服务,如 Google 企业应用教育版。

4. 通过发现能支持学生核心学科内容学习的研究型软件、应用和游戏,将学校的课程、教学技术应用程序和 21 世纪教学方法相结合。这些技术要和学校电脑的操作系统兼容,技术人员也需要熟悉这些技术。

5. 开展常规的、有针对性的和强制性的教师专业发展活动,重点是教学技术与课程的整合。

6. 监测和评估进展情况。教师通常会关注领导所关注的内容。如果领导非常关注教学技术的类型和使用频率,教师便会接收到此信息并做出决策,这样的决策使学校、团队和教师个体聚焦于所使用的技术中哪些有效,哪些需要改变。

7. 决定学生对计算机网络的访问权限。互联网过滤器是必不可少的，但它们不应限制即时学习。在学校或学区技术人员的指导下，教师可以决定封锁或解封某些资源。可以处罚行为不端的学生，但不必为个别学生的不良行为去而惩罚全体学生。

8. 制订长期策略以应对软硬件的过时。随着时间的推移，计算机和软件需要得到及时更新或更换，这一点非常重要。在制订策略时，应考虑财务资源和技术资源的分配。有时，长期租赁硬件比购买硬件要划算一些。

9. 制订购买、维修和更换外围设备的计划。外围设备包括但不限于交互式白板、服务器、数据传感器、电池、麦克风、打印机等。

10. 一个好的保险计划可以让项目走得更远。一些电脑可能会坏损、被偷或被抵押掉，面对这些问题要提前做好准备。

11. 规划一个强有力的无线网络。规划时，你要设想所有设备都将同时上网。当你估计出一个合理的带宽需求后，你要将其加倍，以供未来更高的带宽需求。

12. 最重要的，提供现场技术支持。技术支持的缺失最容易引发教师的抱怨，也将对学生的学习产生消极影响。学校可以同时使用技术支持人员和学生志愿者来提供技术支持。

技术可以变革教与学。我们希望有效的课堂教学策略，连同合适的技术工具，能帮助教育工作者和学生创造出一个令人兴奋的、让学生乐享其中的、富有意义的学习体验。

参考文献

Adam, K. P. (2001). *Computerized scoring of essays for analytical writing assessments: Evaluating score validity.* Seattle, WA: National Council on Measurement in Education. (ERIC Document Reproduction Service No. ED 458 296).

Aleven, V., Ashley, K. D., Lynch, C., & Pinkwart, N. (2008). *Intelligent tutoring systems for ill-defined domains: Assessment and feedback in ill-defined domains.* Proceedings of a workshop held during the 9th International Conference on Intelligent Tutoring Systems. Montreal, Canada.

Anderson, J. R. (1995). *Learning and memory: An integrated approach.* New York: Wiley.

Bandura, A. (2000). Exercise of human agency through collective efficacy. *Current Directions in Psychological Science, 9* (3), 75–78.

Barley, Z., Lauer, P. A., Arens, S. A., Apthorp, H. S., Englert, K. S., Snow, D., & Akiba, M. (2002). *Helping at-risk students meet standards: A synthesis of evidence-based classroom practices.* Denver, CO: Mid-continent Research for Education and Learning.

Bouffard, T., Boisvert, J., Vezeau, C., & Larouche, C. (1995). The impact of goal orientation on self-regulation and performance among college students. *British Journal of Educational Psychology*, *65*(3), 317–330.

Bransford, J., Brown, A., & Cocking, R. (2000). *How people learn: Brain, mind, experience, and school* (Expanded ed.). Washington, DC: National Academies Press.

Carpenter, S. K., Pashler, H., & Cepeda, J. (2009). Using tests to enhance 8th grade students' retention of U.S. history facts. *Applied Cognitive Psychology*, *23*, 760–771.

Chambers, B., Cheung, A. C. K., Madden, N. A., Slavin, R. E., & Gifford, R. (2006). Achievement effects of embedded mltimedia in a Success For All reading program. *Journal of Educational Psychology*, *98*(1), 232–237.

Chen, Z. (1999). Schema induction in children's analogical problem solving. *Journal of Educational Psychology*, *91*(4), 703–715.

Cholmsky, P. (2003). *Why gizmos work: Empirical evidence for the instructional effectiveness of ExploreLearning's interactive content*. Charlottesville, VA: ExploreLearning. Retrieved March 15, 2006, from http://www.explorelearning.com/View/downloads/WhyGizmosWork.pdf

Consortium of College and University Media Centers. (1996). *Fair use guidelines for educational multimedia*. Retrieved January 12, 2012, from http://www.adec.edu/admin/papers/fair10-17.html

Cooper, H., Robinson, J. C., & Patall, E. A. (2006). Does homework improve academic achievement? A synthesis of research, 1987 - 2003. *Review of Educational Research*, *76* (1), 1 - 62.

Dean, C., Hubbell, E. R., Pitler, H., & Stone, B. J. (2012). *Classroom instruction that works* (2nd ed.). Alexandria, VA: ASCD.

Dodge, B., & March, T. (1995). *What Is a WebQuest?* Retrieved April 26, 2006, from http://webquest.sdsu.edu/overview.htm

Elliot, E. S., McGregor, H. A., & Gable, S. L. (1999). Achievement goals, study strategies, and exam performance: A mediational analysis. *Journal of Educational Psychology*, *91*, 549 - 563.

Facebook. (n.d.). Statistics. Retrieved http://www.facebook.com/press/info.php? statistics

Fisch, K. (2006, August 15). Did you know? The Fischbowl. Retrieved September 15, 2011, from http://thefischbowl.blogspot.com/2006/08/did-you-know.html

Friedman, T. L. (2005). *The world is flat: A brief history of the twenty-first century.* New York: Farrar, Straus, and Giroux.

Fuchs, L. S., Fuchs, D., Finelli, R., Courey, S. J., Hamlett, C. L., Sones, E. M., & Hope, S. (2006). Teaching third graders about real-life mathematical problem solving: A randomized controlled study. *Elementary School Journal*, *106*, 293 - 312.

Gee, J. P. (2009). Deep learning properties of good digital games: How far can they go? In (Eds.) U. Ritterfeld, M. Cody, & P. Vorderer, *Serious games: Mechanisms and effects.* London: Routledg.

Gentner, D., Loewenstein, J., & Thompson, L. (2003).Learning and transfer: A general role for analogical encoding. *Journal of*

Educational Psychology, 95, 393 - 408.

Gerlach, J. M. (1994). Is this collaboration? In K. Bosworth & S. J. Hamilton (Eds.), Collaborative Learning: *Underlying Processes and Effective Techniques* (p. 59). San Francisco: Jossey-Bass.

Greene, B. A., Miller, R. B., Crowson, H. M., Duke, B. L., & Akey, K. L. (2004). Predicting high school students' cognitive engagement and achievement: Contributions of classroom perceptions and motivation. *Contemporary Educational Psychology, 29* (4), 462 - 482.

Hall, K. G., Domingues, D. A., & Cavazos, R. (1994). Contextual interference effects with skilled baseball players. *Perceptual and Motor Skills, 78*, 835 - 841.

Halverson, R. (2005). What can K-12 school leaders learn from video games and gaming? *Innovate 1* (6). Retrieved March 14, 2006, from http://www.innovateonline.info/index.php?view=article&id=81

Henderlong, J., & Lepper, M. R. (2002). The effects of praise on children's intrinsic motivation: A review and synthesis. *Psychological Bulletin, 128*, 774 - 795.

High schools plug into online writing program. (2003, November 1). *District Administrator 39* (11). Retrieved January 12, 2012, from http://findarticles.com/p/articles/mi_6938/is_11_39/ai_n28168501/

Hill, J., & Flynn, K. (2006). *Classroom instruction that works with English language learners.* Alexandria, VA: ASCD.

Holyoak, K. J. (2005). Analogy. In K. J. Holyoak and R. G. Morrison

(Eds), *The Cambridge Handbook of Thinking and Reasoning* (pp. 117 - 142). Cambridge, United Kingdom: Cambridge University Press.

Hom, H. L., Jr., & Murphy, M. D. (1983). Low achiever's performance: The positive impact of a self-directed goal. *Personality and Social Psychology Bulletin*, *11*, 275 - 285.

Hong, E., Milgram, R. M., & Rowell, L. L. (2004). Homework motivation and preference: A learner-centered homework aproach. *Theory into Practice*, *43*, 197 - 204.

Hsu, Y.-S. (2008). Learning about seasons in a technologically enhanced environment: The impact of teacher-guided and student-centered instructional approaches on the process of students' conceptual change. *Science Education*, *92* (2), 320 - 344.

Johnson, D. W., & Johnson, R. T. (2003). Student motivation in cooperative groups. In R. M. Gillies & A. F. Ashman (Eds.), *Cooperative learning: The social and intellectual outcomes of learning in groups* (pp. 136-176). New York: Routledge Famer.

Johnson, D. W., & Johnson, R. T. (2005). New developments in social interdependence theory. *Genetic, Social, and General Pschological Monographs*, *131* (4), 285 - 358.

Kamins, M. L., & Dweck, C. S. (1999). Person versus process praise and criticism: Implications for contingent self-worth and coping. *Developmental Psychology*, *35*, 835 - 847.

Karpicke, J. D., & Roediger, H. R. (2008). The critical importance of retrieval for learning. *Science*, *319*, 966 - 968.

Kendeou, P., Bohn-Gettler, C., White, M. J., & van den Broek, P. (2008). Children's inference generation across different media. *Journal of Research in Reading, 31* (3), 259 - 272.

Klopfer, E. (July/August 2005). Playing to learn: state-of-the-art computer games go to school. *Access Learning.* Retrieved March 14, 2006, from http://www.ciconline.org/AboutCIC/Publications/Archives/HL_julaug05.htm

Kohn, A. (2006). *The homework myth: Why our kids get too much of a bad thing.* Cambridge, MA: Da Capo Press.

Kriz, W., & Eberle, T. (2004). *Bridging the gap: Transforming knowledge into action through gaming and simulation.* Proceedings of the 35th Conference of the International Simulation and Gaming Association (ISAGA). München, Germany.

Kulik, J. A., & Kulik, C. C. (1988). Timing of feedback and verbal learning. *Review of Educational Research, 58,* 79 - 97.

Lefrancois, G. R. (1997). *Psychology for teaching* (9th ed.). Belmont, CA: Wadsworth.

Li, R., & Liu, M. (2007). Understanding the effects of databases as cognitive tools in a problem-based multimedia learning environment. *Journal of Interactive Learning Research, 18* (3), 345 - 363.

Lobel, J. (2006). *Multiplayer computer gaming simulations facilitating cooperative learning.* Dublin, Ireland: IT in Education, Trinity College Dublin.

Lucas, G. (2005, November 17). [Podcast] George Lucas and the new world of learning. *Edutopia Radio Show.* Retrieved August 28, 2006, from http://www.edutopia.org/php/radio.php

Martorella, P. H. (1991). Knowledge and concept development in social studies. In J. P. Shaver (Ed.), *Handbook of research on social studies teaching and learning* (pp.370 - 399). New York: McMillan.

Marzano, R. J. (1998). *A theory-based meta-analysis of research on instruction.* Aurora, CO: McREL. Retrieved February 7, 2006, from http://www.mcrel.org/instructionmetaanalysis

Marzano, R. J. & Pickering, D. J. (1997). *Dimensions of learning teacher's manual* (2nd ed.). Alexandria, VA: ASCD, and Denver, CO: McREL.

Marzano, R. J. & Pickering, D. J. (2007). Special topic: The case for and against homework. *Educational Leadership, 64* (6), p. 74 - 79.

Marzano, R. J., Pickering, D. J., & Pollock, J. E. (2001). *Classroom instruction that works: Research-based strategies for increasing student achievement.* Alexandria, VA: ASCD.

McDaniel, M. A., Roediger, H. L., III, & McDermott, K. B. (2007). Generalizing test-enhanced learning from the laboratory to the classroom. *Psychonomic Bulletin & Review, 14* (2), 200 - 206.

Medina, J. (2008). *Brain rules: 12 principles for surviving and thriving at work, home, and school.* Seattle, WA: Pear Press.

Minotti, J. L. (2005). Effects of learning-style-based homework prescriptions on the achievement and attitudes of middle school students. *NASSP Bulletin, 89,* 67 - 89.

Mize, C. D., & Gibbons, A. (2000). *More than inventory: Effective integration of instructional technology to support student learning in K-12 schools.* (ERIC Document Reproduction Service No. ED 444 563).

Moore-Partin, T. C., Robertson, R. E., Maggin, D. M., Oliver, R. M., & Wehby, J. H. (2010). Using teacher praise and opportunities to respond to appropriate student behavior. *Preventing School Failure*, *54* (3), 172 - 178.

Morgan, R. L., Whorton, J. E., & Gunsalus, C. (2000). A comparison of short term and long term retention: Lecture combined with discussion versus cooperative learning. *Journal of Instructional Psychology*, *27* (10), 53 - 58.

Newell, A., & Rosenbloom, P. S. (1981). Mechanisms of skill acquisition and the law of practice. In J. R. Anderson (Ed.), *Cognitive skills and their acquisition.* Hillsdale, NJ: Erlbaum.

Nielson, L., & Webb, W. (2011). *Teaching generation text: Using cell phones to enhance learning.* San Francisco: Jossey-Bass.

Page, M. S. (2002). Technology-enriched classrooms: Effects on students of low socioeconomic status. *Journal of Research on Technology in Education*, *34* (4), 389 - 409.

Pashler, H., Rohrer, D., Cepeda, N. J., & Carpenter, S. K. (2007). Enhancing learning and retarding forgetting: Choices and consequences. *Psychonomic Bulletin and Review*, *14* (2), 187 - 193.

Phan, H. P. (2009). Exploring students' reflective thinking practice, deep processing strategies, effort, and achievement goal orientations. *Educational Psychology*, *29* (3), 297 - 313.

Pintrich, P. R., & Schunk, D. H. (2002). *Motivation in education:*

Theory, research and applications(2nd ed.). Upper Saddle River, NJ: Merrill Prentice Hall.

Prensky, M. (2000). *Digital game-based learning.* New York: McGraw-Hill.

Reeves, T. (1998).*The impact of media and technology in schools.* Athens: University of Georgia.

Research report for The Bertelsmann Foundation. Retrieved March 30, 2006, from http://www.athensacademy.org/instruct/media_tech/reeves0.html

Ringstaff, C., & Kelley, L. (2002). *The learning return on our education technology investment: A review of findings from research.* San Francisco: WestEd RTEC.

Rivet, A. E., & Krajcik, J. S. (2004). Achieving standards in urban systemic reform: An example of a sixth grade project-based science curriculum. *Journal of Research in Science Teaching, 41* (7), 669–692.

Rohrer, D., & Taylor, K. (2007). The shuffling of mathematics practice problems boosts learning. *Instructional Science, 35,* 481–498.

Rohrer, D., Taylor, K., & Sholar, B. (2010). Tests enhance the transfer of learning. *Journal of Experimental Psychology, 36* (1), 233–239.

Roseth, C. J., Johnson, D. W., & Johnson, R. T. (2008). Promoting early adolescents' achievement and peer relationships: The effects of cooperative, competitive, and individualistic goal structures. *Psychological Bulletin*, *134*（2）, 223 - 246.

Russell, J., & Sorge, D.（1999）.Training facilitators to enhance technology integration. *Journal of Instruction Delivery Systems*, *13*（4）, 6.

Schacter, J.（1999）. *The impact of education technology on student achievement: What the most current research has to say.* Santa Monica, CA: Milken Exchange on Education Technology.

Schacter, J., & Fagnano, C.（1999）. Does computer technology improve student learning and achievement? How, when, and under what conditions? *Journal of Educational Computing Research*, *20*(4), 329 - 343.

Schaffhauser, D.（2009, August）. The vod couple. *T.H.E. Journal*, *36*（7）. Retrieved April 5, 2012, from http://thejournal.com/Articles/2009/08/09/Vodcasting.aspx?Page=1

Schroeder, C. M., Scott, T. P., Tolson, H., Huang, T.-Y., & Lee, Y.-H.（2007）. A meta-analysis of national research: Effects of teaching strategies on student achievement in science in the United States. *Journal of Research in Science Teaching*, *44*（10）, 1436 - 1460.

Schunk, D. H.（2003）. Self-efficacy for reading and writing: influence of modeling, goal setting, and self-evaluation. *Reading & Writing Quarterly*, *19*, 159 - 172.

Siegle, D., & Foster, T.（2000, April）. *Effects of laptop computers with multimedia and presentation software on student achievement.* Paper presented at the annual meeting of the American Education

Research Association. New Orleans, Louisiana.

Simonson, B., Fairbanks, S., Briesch, A., Myers, D., & Sugai, G. (2008). Evidence-based practices in classroom management: Considerations for research to practice. *Education and Treatment of Children*, *31*(3), 351–380.

So, W. M. W., & Kong, S. C. (2007). Approaches of inquiry learning with multimedia resources in primary classrooms. *Journal of Computers in Mathematics and Science Teaching*, *28*(4), 329–354.

Squire, K. (2001). *Reframing the cultural space of computer and video games.* [Faculty working paper]. Retrieved March 14, 2006, from http://cms.mit.edu/games/education/research-vision.html

Surowiecki, J. (2004). *The wisdom of crowds: Why the many are smarter than the few and how collective wisdom shapes business, economies, societies, and nations.* New York: Doubleday.

Tarhan, L., & Acar, B. (2007). Problem-based learning in an eleventh grade chemistry class: "Factors affecting cell potential." *Research in Science and Technology Education*, *25*(3), 351–369.

Urquhart, V., & McIver, M. (2005). *Teaching writing in the content areas.* Alexandria, VA: ASCD.

Vatterott, C. (2009). *Rethinking homework: Best practices that support diverse needs.* Alexandria, VA: ASCD.

Vogelstein, F. (2007, September). How Mark Zuckerberg turned Facebook into the world's hottest platform. *Wired.* Retrieved April 5, 2012, from http://www.wired.com/techbiz/startups/news/2007/09/ff_facebook

Vygotsky, L. S. (1978). *Mind in society: The development of higher psychological processes.* Cambridge, MA: Harvard University Press.

Waxman, H. C., Connell, M. L., & Gray, J. (2002). *A quantitative synthesis of recent research on the effects of teaching and learning with technology on student outcomes.* Naperville, IL: North Central Regional Educational Laboratory.

White, R. T., & Tisher, R. P. (1986). Research on natural sciences. In M. C. Wittrock (Ed.), *Handbook of research on teaching* (pp. 874-905). New York: McMillan.

Wong, H. K., & Wong, R. T. (1998). *How to be an effective teacher: The first days of school.* Mountain View, CA: Harry K. Wong Publications, Inc.

Woolfolk, A. (2004). *Educational psychology.* Boston: Pearson.

World at Work. (2009). Telework trendlines 2009. Available from http://www.worldatwork.org/waw/adimLink?id=31115

POSTSCRIPT | 译后记

2016年夏学期期末，我敬重的师长盛群力教授与我分享了本书的英文版，告知我这是一本很实用、很接地气的有关信息技术与课程整合的实践指导用书，尤其对于一线的中小学教师，帮助或许很大，因为书中介绍了很多不错的技术促进课堂有效教学的案例以及丰富的多媒体学习资源和工具。在盛老师的热情邀请之下，2016年暑假，我带着两名在读的教育技术学专业博士生开始了书稿的翻译工作。

翻译的过程于译者而言就是一个学习的过程，翻译本书让我和两位博士生学到了很多。首先，我们对提升教师信息素养的重要性有了更深刻的认识；书中介绍的涉及课堂教学各环节的实践案例，也让我们了解了国外同行在课堂中融入技术的先进经验和具体做法。

本书的翻译分工是：姚佳佳负责翻译第一章、第二章和第三章，王琳负责翻译第四章和第五章，李艳负责翻译第六章、第七章、第八章、第九章、结语，以及其他辅文。浙江大学教育学院课程与学习科学系盛群力教授对整本书进行了反复校对。

欢迎读者对本书翻译中出现的错漏予以批评指正！

李 艳

2017年8月12日于浙江大学西溪校区

学而书坊

新班级教学译丛

盛群力　主编

> "新班级教学译丛"选译当代国际前沿教学设计应用研究的重要作品,聚焦教学发展趋势,关注教学改革话题,贴近教师实际需要,助力教师专业发展,推动核心素养在课堂上真正落实,让新班级教学蔚然成风。

《简明生本学习策略》

◇ "以学为中心"是一种思维方式,一种教育范式
◇ "以学为中心"卓越课堂有一整套核心技术
◇ 国际知名教育与咨询专家乔治·M. 雅各布斯等 2016 年作品

《成功智力教学:提高学生学习效能与成绩(第二版)》

◇ 先扬长避短,后扬长补短,这是最重要的育人观
◇ 在每节课中培养学生成功必需的分析性、创造性和实践性智力
◇ 国际顶尖教育心理学家罗伯特·J. 斯腾伯格代表作品

《理解为先单元教学设计实例:教师专业发展工具书》

◇ 掌握知能、理解意义和实现迁移是学习的三重境界,须逐级进阶
◇ 理解为先教学(UbD)帮助教师在每堂课中落实学科核心素养
◇ 国际知名教育与咨询专家杰伊·麦克泰和格兰特·威金斯力作

《合作学习：实用技能、基本原则及常见问题》

◇ 帮助教师创建协同努力的高效能课堂

◇ 悦纳自我，欣赏同伴，终身发展

◇ 国际知名合作学习专家、教育咨询专家乔治·M. 雅各布斯等力作

《如何编制和使用量规：面向形成性评估与评分》

◇ 学会编制等级赋分与质性描述相结合的量规

◇ 为教师提供了评估学生核心素养和高阶能力的有力工具

◇ 国际知名教育咨询专家苏珊·布鲁克哈特力作

《技术促进课堂有效教学（第二版）》

◇ 技术是推动课堂教学减负、提质、赋能的加速器

◇ 马扎诺有效教学模式的技术助力方案

◇ 国际知名教育技术专家霍华德·皮特勒等力作

更多教育图书即将出版，敬请期待！

宁波市鄞州区甬江大道 1 号宁波书城 8 号楼 703 室 宁波出版社教育出版中心
咨询电话：0574-87287821
宁波市海曙区苍水街 79 号苍水大厦 518 室 宁波出版社发行中心
团购电话：0574-87242865

* 本目录定价如有错误或变动，以实际出书为准。

关注宁波出版社微信公众号
获取更多图书资讯

进入宁波出版社微店
购买更多教育好书

图书在版编目（CIP）数据

技术促进课堂有效教学：第二版 /（美）霍华德·皮特勒，（美）伊丽莎白·R.哈贝尔，（美）马特·库恩著；李艳，姚佳佳，王琳译 . — 宁波：宁波出版社，2022.6
（新班级教学译丛）
ISBN 978-7-5526-3464-8

Ⅰ . ①技… Ⅱ . ①霍… ②伊… ③马… ④李… ⑤姚…⑥王… Ⅲ . ①课堂教学—教学研究 Ⅳ . ① G424.21

中国版本图书馆 CIP 数据核字（2018）第 296044 号

Translated and published by Ningbo Publishing House with permission from ASCD. This translated work is based on *Using Technology with Classroom Instruction that Works, 2nd Edition* by Howard Pitler, Elizabeth R. Hubbell, Matt Kuhn, and McREL. © 2012 McREL. All Rights Reserved.
ASCD is not affiliated with Ningbo Publishing House or responsible for the quality of this translated work.

本书简体中文版由 Association for Supervision and Curriculum Development Alexandria, Virginia USA 授权宁波出版社独家翻译出版。未经宁波出版社书面许可，不得以任何方式复制或抄袭本书内容。
版权所有，侵权必究
版权合同登记号：图字：11-2016-480 号

技术促进课堂有效教学：第二版
JISHU CUJIN KETANG YOUXIAO JIAOXUE：DIERBAN
（美）霍华德·皮特勒，（美）伊丽莎白·R.哈贝尔，（美）马特·库恩 著；李艳，姚佳佳，王琳 译

出版发行	宁波出版社
	（宁波市甬江大道 1 号宁波书城 8 号楼 6 楼　315040）
策划编辑	陈　静
责任编辑	熊雪婷
责任校对	黄　彬
印　　刷	宁波白云印刷有限公司
开　　本	787mm×1092mm　1/16
印　　张	17.5
字　　数	260 千
版次印次	2022 年 6 月第 1 版　2022 年 6 月第 1 次印刷
标准书号	ISBN 978-7-5526-3464-8
定　　价	68.00 元